KB201236

신성종 목사

핵심스마트설교 ⑫

눈물이 말라버린 시대

신성종 목사 지음

도서출판 한글

핵심 스마트 설교(12)

눈물이 말라버린 시대

2022년 8월 05일 1판 1쇄 인쇄
2022년 8월 10일 1판 1쇄 발행
저 자 신성종
발행자 심혁창
마케팅 정기영
교 열 송재덕
표지화 신인수
디자인 박성덕
인 쇄 김영배
펴낸곳 도서출판 한글

우편 04116
서울특별시 마포구 신촌로 270(아현동)
수창빌딩 903호

☎ 02-363-0301 / FAX 362-8635
E-mail : simsazang@daum.net
창 업 1980. 2. 20.
이전신고 제2018-000182

* 파본은 교환해 드립니다
* 정가 20,000원
*

ISBN 97889-7073-612-9-93230

‖머리말‖

당신은 왜 사는가?

신성종 목사(크리스천 문학나무 편집인)

우리가 살다 보면 왜 사는지 종종 잊을 때가 있다. 그래서 가끔은 자신에게 나는 왜 사는가 하고 물어볼 필요가 있는 것이다. 사실 산다는 것은 생각처럼 간단하지 않다. 많은 일들이 연결되기 때문에 마침내는 삶의 목적과 목표를 혼동할 수가 있다. 그래서 많은 사람들이 불행해지고 인생에 실패를 한다. 나는 아침에 일어나면 오늘은 무엇을 해야 할 것인가 하고 그날의 계획을 세워 본다. 가장 좋은 방법은 묵상기도를 통해 자신의 모습을 살펴보면서 나를 향한 하나님의 뜻을 찾으면서 목표를 세우는 것이다.

여기서 중요한 것은 인생의 목적과 목표는 다르다는 점을 분별하는 일이다. 목적은 내 인생의 궁극적 이유를 말하는 것이고, 목표란 그 목적을 이루기 위한 구체적인 수단과 방법을 말하는 것이다. 목적은 추상적인 것이 일반적이지만 목표는 구체적인 것이 특징이다. 그러나 많은 사람들은 이 목적과 목표를 혼동한다. 그래서 돈 버는 일에 일생을 다 허비하고 사업을 한다고 허비를 한다. 그러다가 늙고 죽을 때가 되어서야 내가 살아온 목적이 잘못된 것을 발견하고 후회를 하지만 그때는 이미 늦는다. 필자는 대학에 들어간 후에는 등록금을 벌기 위해서 가정교사를 하기도 하고 미국에 가서는 방학 때 농장에 가서 노동을 하기도 했다. 정원에 가서 풀을 깎기도 하고, 식당에 가서 접시 닦는 일을 하기도 했다. 그러나 등록금을 번 후에는 다시 공부하는데 전념했다. 박사학위를 받은 후에는 가르치고 책을 쓰기 위해서 공부를 지금도 계속하고 있지만 다행히도 목적과 목표를 혼동하지는 않았다. 그러나 방황이 전혀 없었다고 하면 그것은 거짓이다. 그래서 노년이 되어 자신을 살펴보면 남들처럼 벌어놓은 재물은 없지만 한 번도 굶은 적은 없었다. 빈손으로 왔다가 빈손으로 가는 인생이니 후회는 없다. 그러다 보니 그동안 4만여 권의 책을 읽었고 백사십 권이 넘는 책을 썼다.

나의 인생의 목적은 나의 설교와 강의와 글을 통해 하나님의 영광을 드러내려고 최선을 다한 것이다. 내가 살아온 것이 성공인지 실패인지는 후세가 평가하겠지만 확실한 것은 곁눈질하지 않고 열심히 외길로 살아왔다고 생각한다.

나는 목표를 시간적 순서에 따라 정한다. 어떻게 보면 좀 따분한 삶이기는 하지만 그러나 후회는 없다. 지금까지 살아온 대로 다시 살라고 하면 그렇게 열심히 살 것 같지는 않다. 하나님께 영광이란 목적을 위해 때로는 목회를 했고, 때로는 학교에서 강의를 했고, 선교를 하기도 하였다. 나의 잡념을 정리하기 위해 시를 쓰다가 시인으로 등단하기도 했다.

사랑하는 형제자매들이여, 당신들의 삶의 목적은 무엇이며 그것을 이루기 위해서 어떤 목표를 세우고 있는가? 과연 당신의 목표가 목적과 상충되지는 않는가? 우리들의 삶의 목적은 하나님이 기뻐하시는 것인가? 목표는 당신의 목적과 직접 연결이 되고 있는가? 혹시나 방황하고 있지는 않는가? 인간이 산다는 것은 간단하지 않기 때문에 방황할 때도 없지 않지만 그러나 그것이 하나님께서 기뻐하시는 것인가를 자신에게 자주 물어보아야 한다.

그때 필요한 것이 묵상기도이다. 많은 사람들은 예배 때만 묵상기도 하는 것으로 알고 있지만 아침마다 일어나서 매일 매순간 점검해 보지 않으면 허송세월을 할 수 있음을 잊지 말자.

이번에 심혁창 장로님의 도움으로 그동안 내가 설교했던 내용들을 모아 수십 권의 책들을 출판하게 된 것을 주님께 감사한다. 별로 잘 쓴 글들은 아니지만 많은 후배 목사들에게 자신의 설교와 비교해 보고 또 요약해서 자신이 살을 붙이면 좋은 자신의 설교가 되리라 믿고 감히 나의 치부들을 내놓는다. 일반 성도들은 가족들과 함께 큰소리로 읽어보면 큰 은혜가 될 것이다.

작은 종 신성종 드림.

목 차

등대로서의 성도

(출25:31-40)

오늘 어린이 주일 저녁에 '등대로서의 성도'라는 제목으로 우리 모두
가 다함께 첫째는 자녀들에게 등대의 역할을, 둘째는 교회 안에서 등대
의 역할을, 셋째는 세상을 향해서 '등대의 역할을 감당합시다.'라는 내용
으로 함께 은혜를 나누려고 합니다. 오늘 본문에 나오는 등대라든지,
살구나무꽃으로 된 등잔이라든지 이런 표현들은 다 빛을 발하라는 상징
적인 의미를 가지고 있습니다.

특별히 빛과 관계되는 것으로는 이스라엘의 별(다윗의 별로서 지금 이스
라엘의 국기로 되어 있음)이 있는데 이것은 바로 등대의 상징입니다.

1. 본문에서 강조하는 세 가지

(1) 등대는 순금으로 만듦

첫째로 31절의 말씀대로 등대는 순금으로 만들어야 한다는 것입니다.
무엇 때문일까요? 그것은 어두움을 밝히려면 순전한 빛을 비춰야 하기
때문입니다. 이 말씀은 첫째로 우리들에게 등대로서의 사역을 일깨워주
는 것입니다. 당시 등대는 성소 안을 밝히기 위해서였습니다. 그래서
제사장은 어두워질 때에 불을 켜고, 아침에 불을 껐습니다. 왜냐하면
등대의 빛이 성소를 밝혀야 하기 때문이었습니다.

그러나 오늘날 이 말씀은 세상을 밝히는 등불이 되라는 뜻으로 주님

은 말씀하셨습니다.

둘째로 등대는 순금으로 만들어야 한다는 것은 빛은 순수하지 않으면 안 된다는 것을 일깨워주기 위해서입니다. 그런데 우리 주변에는 수많은 네온사인을 비롯해서 우리들을 유혹하는 불빛이 많습니다. 거짓 종교의 빛도 있고 거짓 이데올로기의 빛도 있습니다. 우상 숭배의 빛이 너무도 심각합니다. 지금 이 세상에서는 순수한 빛이 없어지고 있다는 것입니다. 큰일입니다. 그래서 많은 사람들은 무엇이 진리인지, 무엇이 거짓인지를 분별할 수가 없게 되어 있습니다.

바닷가에 보면 등대가 여기 저기 서 있습니다. 거기서 비치는 빛이 정확하게 비쳐야 배가 암초에 부딪쳐 파선하지 않습니다. 또 항구가 어디 있는지를 분별할 수가 있습니다. 먼저 가정에서 자녀들에게 순금으로 만든 등대의 빛을 비치시기 바랍니다. 마땅히 행할 길을 아이에게 가르치라, 그리하면 늙어도 떠나지 아니하리라고 했습니다.

다음에는 직장과 사회에서 복음의 빛을 비치시기 바랍니다. 지금 온 세상이 폭탄과 가스의 테러로 온통 불안해하고 있습니다. 복음의 빛을 비쳐야 소망이 있습니다.

(2) 살구꽃 형상의 등잔

33절에 살구꽃 형상의 등잔을 만들라는 것은 우리에게 세상을 지키는 파수꾼이 되라는 교훈입니다. 살구나무는 모든 나무보다 먼저 봄이 온 것을 가르쳐줍니다. 아론의 지팡이가 살구나무로 된 것은 바로 봄이 온 것을 제일 먼저 알려주는 성질을 가지고 있기 때문입니다.

살구꽃 형상의 등잔은 첫째로 하나님이 함께하신다는 것을 일깨워줍니다. 둘째로 봄이 왔으니 이제부터 일하라는 각성을 줍니다. 셋째로 하나님께서 보호해주신다는 뜻도 있습니다. 따라서 살구꽃은 이스라엘 백성에게는 언제나 소망을 주는 꽃입니다.

(3) 빛은 연결될 때 밝게 비침

빛은 연결될 때 밝게 그리고 크게 나타난다는 것을 교훈해줍니다. 35절에 보면 꽃받침이 줄기와 연하게 하라, 즉 연결하게 하라는 말입니다. 오늘 본문에만도 다섯 번이나 연하게 하라, 연결시키라고 말씀하고 있습니다. 30절에 한번, 35절에 세 번, 36절에 한번 하고 있습니다. 이것은 불 하나만으로는 밝지가 않기 때문에 여섯 가지와 함께 일곱 등불일 때에 성전 안이 환해지기 때문입니다.

왜 이렇게 밝게 비쳐야 합니까? 크게 두 가지 이유가 있습니다. 첫째는 밝아야 자유롭게 활동할 수가 있기 때문입니다. 어두우면 넘어지고 실족할 수가 있습니다. 지금 우리 거리가 어둡기 때문에 문제가 많은 것입니다. 둘째는 밝아야 성전 안뿐만 아니라 전세계를 비출 수가 있기 때문입니다.

2. 등대의 사명

우리는 세상에서 어떤 등대의 사명이 있습니까?

(1) 지옥 갈 사람들을 천국으로 인도

복음전파를 통해서 지옥을 향해서 가는 사람들을 천국으로 인도해야 합니다. 그러나 많은 사람들은 등불을 등경 위에 두지 아니하고 곡식의 양을 되는 말 아래 둡니다. 15절을 읽어봅시다. 왜 말 아래 등불을 둘까요? 첫째로 등경은 위에 두려면 일어나야 하고, 손을 들어야 하는 수고가 따릅니다. 둘째는 등을 켜자면 기름을 사야 하는 경제적 손해가 따르기 때문에 양식을 되는 말 아래 두는 것입니다.

(2) 착한 행실로 주 앞에 영광을

착한 행실을 통해서 하나님께 영광을 돌리도록 해야 합니다. 우리 인생의 목적이 바로 하나님께 영광을 돌리는 것이 아닙니까? 어떻게 돌립니까? 방법은 희생할 수 있어야 합니다. 그런데 오늘날 기독교가 사회에서 외면을 당하는 입장입니다. 이유는 너무도 무기력하기 때문입니다. 왜 무기력합니까? 복음의 빛도 안 비치고 착한 행실도 행하지 않기 때문입니다.

그러므로 먼저 가정에서 등대가 됩시다. 다음은 직장에서 등대가 됩시다. 그리고 사회에서 등대가 됩시다. 그래서 하나님께 영광을 돌리는 우리가 되기를 주님의 이름으로 축원합니다.

때를 따라 돕는 은혜

(히4:12-16)

우리는 누구나 때를 따라 돕는 은혜가 필요합니다. 왜냐하면 우리는 연약한 존재이기 때문입니다. 우리가 가지고 있는 죄의 문제, 죽음의 문제, 의미의 문제는 혼자서 해결할 수 없는 문제입니다.

1. 누가 우리를 도와주는가?

우리의 친구가 되시고 중보자이시며 대제사장이 되시는 예수님이 도우실 수 있으십니다. 성경은 "그러므로 우리에게 큰 대제사장이 있으니"라고 했습니다. 제사장은 우리를 위해 기도해주고, 하나님의 말씀을 주시고, 하나님과 우리 사이에서 문제를 해결해 주십니다.

사실 머리로 아는 것과 체험은 전혀 다릅니다. 그런데 예수님은 가난도 체험했고, 우리의 모든 것을 다 체험하신 분이시기 때문에 우리의 사정을 다 알고 계십니다.

2. 우리가 지킬 사명

(1) 믿는 도리를 굳게 잡음

14절 하반 절에 "우리가 믿는 도리를 굳게 잡을지어다." 했습니다.

어떤 도리인가요? 예수 그리스도가 우리의 대제사장이 되신다는 것을 굳게 잡으라는 것입니다. 여기서 잡는다는 말은 믿는다는 말과 동의

어입니다. 믿음이란 세 가지로 표현 할 수 있습니다. 굳게 잡는다, 내어 맡긴다, 순종한다는 말입니다. 그러므로 여기서는 믿는다는 뜻입니다.

또 주님이 승천하신 후에 보내주신 성령께서 우리 안에 내주하시면서 우리들을 보호, 인도하시고 계심을 굳게 믿어야 합니다. 그뿐 아니라 주님을 따르는 모든 자들은 다 승리한다는 사실을 믿어야 합니다. 우리에게는 영원한 천국이 있고, 머지않아 재림의 주님이 오신다는 것을 굳게 잡아야 합니다.

(2) 은혜의 보좌 앞에 담대히 나감

16절, 은혜의 보좌 앞에 담대히 나아가야 합니다.

첫째 예배 참여를 통해서 하나님께 나아갈 수 있습니다.

시편 73:28절에 "하나님께 가까이 함이 네게 복이라"고 했습니다.

둘째 기도를 통해서 하나님께 나아갈 수 있습니다.

기도는 우리의 메시지 전달입니다. 혹시 급한 일을 당할 때에는 형식이나 격식을 갖추지 않아도 됩니다. 아주 급할 때는 기도의 내용을 말씀드리지 않아도 그냥 '주여'라는 말만 하여도 됩니다. 어린애들이 급하면 '엄마'하고 소리만 칩니다. 그러면 엄마는 이 녀석이 뭔가 급한 일이 생겼구나 하고 생각합니다. 긴 기도의 의미는 하나님이 좋아서 하나님과 대화하고, 가까워지려고 한다는 데 의미가 있습니다. 급한 기도는 전보로 연락하시기 바랍니다. 그냥 '주여' 하고 부르짖어도 하나님께서 다 응답하십니다.

(3) 소망의 하나님

13절에 '소망의 하나님'이라고 했습니다. 하나님이 바로 소망의 창조자이시고, 소망의 기초이시고, 소망의 건축자이시고, 소망의 완성자란 뜻입니다. 그에게 나아가는 자는 다 소망의 하나님을 통해서 소망이 넘치게 됩니다.

부활의 확실성

(고전15:1-11)

인간의 구원은 그가 예수님의 십자가와 부활을 믿느냐 안 믿느냐에 따라 결정됩니다. 그러므로 부활이 사실인가? 다른 말로 말하면 예수님의 부활이 역사적 사실인가? 아닌가? 이것을 믿는가 안 믿는가에 따라 우리의 구원이 결정된다는 말씀입니다.

2절에 보면 "너희가 만일 나의 전한 말을 굳게 지키고, 헛되이 믿지 아니하였으면 이로 말미암아 구원을 얻으리라"고 했습니다.

1. 복음이란 무엇인가

15:1절에 보면 "내가 너희에게 전한 복음을 너희로 알게 하도다"라고 했습니다. 그러면 바울이 전한 복음은 어떤 것입니까? 2절을 보면 바로 '주님의 십자가와 부활의 소식'을 말씀하고 있는 것을 볼 수 있습니다. 우리가 잘 아는 대로 복음이란 복된 소식이란 말입니다. Good News입니다. 무엇이 Good News입니까? 바로 God News입니다. 무엇이 God News입니까? 하나님께서 우리들을 구원하기 위하여 예수 그리스도를 이 땅에 보내셔서 우리를 대신하여 십자가 지시고, 사흘 만에 부활하심으로 우리의 천국 가는 길을 활짝 열어놓으셨다는 것이 Good News이고, God News입니다.

2. 모든 것은 '성경대로' 됨

3절에 보면 '성경대로' 4절에도 '성경대로'란 말씀이 반복되어 나옵니다. 다시 말하면 예수님의 십자가 사건도 성경의 예언대로 이루어진 것이고, 예수님의 부활도 성경의 예언대로 이루어진 것이란 말씀입니다. 중요한 것은 모든 것이 다 '성경대로' 된다는 말씀입니다. 그래서 성경은 우리들에게 중요하고, 그래서 성경을 연구하는 것이고, 그래서 성경을 우리의 경전으로 받아들이는 것입니다.

구약에는 예수님에 관한 예언이 350여 개가 나옵니다. 직접적인 것이 약 백여 개, 간접적인 것이 250여 개입니다. 다시 말하면 성경의 핵심이 바로 예수님이신데 그 중에서도 그의 십자가와 부활이 그 중심을 이루고 있다는 말씀입니다. 여기서 우리는 '예언과 성취'(Prophecy and Fulfillment)의 관계를 분명하게 믿어야 합니다. 이 관계가 바로 성립이 될 때 우리의 믿음은 반석 위에 세워지게 될 것입니다.

3. 십자가와 부활의 역사성(5-8)

역사적 증거를 보아서 알 수 있습니다(5-8절). 5-8절은 예수님의 부활을 본 증인들의 이름들입니다. 증인만큼 중요한 것은 없습니다. 다시 말하면 예수님의 부활은 환상이 아니라 역사적 사실이란 말씀입니다. 증인에게 중요한 것은 그 증인들의 진실성이 문제입니다. 세상에는 거짓 증인들이 얼마든지 있기 때문입니다. 그러나 본문에 나오는 증인들은 그들의 진실성이 입증된 사람들이고, 그 본 것을 위해 죽음까지도 주저하지 않았던 사람들이기 때문입니다.

4. 바울의 신앙고백(10-11절)

바울은 그가 이룩한 모든 업적들이 다 하나님의 은혜라고 고백했습니다. "그러나 나의 나 된 것은 하나님의 은혜로 된 것이니"(10절) 11절에 보면 바울은 그가 믿은 것을 '전파하매'라고 했습니다. 우리도 신앙을 고백하는 것에 머물러서는 안 됩니다. 전파하여 열매를 맺어야 합니다. 왜냐하면 우리가 믿는 부활은 역사적 사건이기 때문입니다. 그리고 그것을 믿으면 놀라운 역사가 일어나고, 세상이 변하는 역사가 일어나기 때문입니다.

맺는말

바울의 위대한 업적은 그의 십자가와 부활의 신앙에서 이룩된 것입니다. 그러므로 우리들도 이런 믿음을 소유함으로 날마다 승리하는 우리들이 다 되기를 축원합니다.

하나님께 구하라 그리 하면 주시리라

(약1:5-8)

1. 부족함이 많은 세상

이 세상은 부족함이 많은 세상입니다. 요즈음 기름이 부족해서 값이 왜 그렇게 많이 오르는지, 또 돈들이 부족해서 사업에 어려움이 많습니다. 식량이 부족해서 굶주리는 나라가 많고, 그야말로 모든 면에서 부족함이 많은 세상입니다.

T. S. Elliot이 그의 황무지란 시에서 말한 대로 있어야 할 것은 텅 빈 세상이고, 있지 말아야 할 것은 가득 찬 세상입니다.

2. 여호와를 의지하면 부족함이 없음

그러나 성경은 말씀하고 있습니다. "여호와는 나의 목자시니 내가 부족함이 없으리로다." 이 말씀은 현실 세상과는 모순이 되는 것처럼 보입니다. 그러나 이 말씀 중에서 "여호와는 나의 목자시니"란 말씀에 주목해야 합니다.

이 말씀은 "여호와를 나의 목자로 삼고 있는 한 부족함이 없다는 뜻입니다. 그러므로 지금도 여호와를 우리의 목자로 삼고 있는 한 우리들에게 부족함이 없을 줄로 믿습니다. 오늘의 본문의 말씀은 그 비결을 말씀하고 있습니다.

3. 부족하면 구하라

부족하거든 어떻게 하느냐? 가만히 있지 말고, '구하라 그리하면 주시리라'는 말씀입니다. 믿습니까? 얼마나 간단합니까? 갓난아기처럼 울면 된다는 것입니다. 기도만 하면 된다는 것입니다. 그 다음은 하나님께서 책임져 주신다는 것입니다. 다시 말해서 우리들이 부족한 이유는 하나님께 구하지 않기 때문이고, 구해도 선하지 않은 형식적으로 구하기 때문이란 것입니다. 우리들의 문제점을 잘 말씀하고 있습니다.

4. 기도할 때 비결이 나옴

그 다음에 보니 기도할 때에 비결이 나옵니다. 형식적인 기도를 해서는 절대로 얻지 못합니다. 그래서 6절에 말씀합니다. "오직 믿음으로 구하고 조금도 의심하지 말라." 여기서 중요한 말은 '조금도'라는 말과 그 다음에 나오는 '의심을 버려야 한다'는 말씀입니다. 우리는 기도하면서 조금은 의심할 때가 많습니다. 과연 될까? 그러나 성경은 말합니다. 조금도 의심하지 말라고.

그러면 조금도 의심하지 않으려면 어떻게 해야 합니까? 첫째로 우리의 기도하는 대상이신 하나님이 어떤 분인가를 먼저 알아야 합니다. 하나님은 오늘의 본문에 보면 두 가지로 말씀하고 있습니다. '후히 주시는 분'이라고 했습니다. 믿습니까? 겨우 주는 것이 아닙니다. 다음은 '꾸짖지 아니하시는 분'이십니다. 혹 잘못 구해도 꾸짖지 아니하시는 분이십니다. 많이 구해도 꾸짖지 아니하십니다.

그러면 의심하지 말라고 했는데 그러려면 어떻게 해야 합니까? 절대적으로 하나님을 의뢰해야 합니다. 모든 것을 그에게 맡겨야 합니다. 결과를 하나님께 맡겨야 합니다. 너무 서두르지 말고, 하나님의 때를 기다려야 합니다. 하나님의 방법을 최고의 방법이라고 믿어야 합니다.

의심할 때에는 어떻게 되는가?

오늘 본문에 비유로 말씀합니다. "의심하는 자는 마치 바람에 밀려 요동하는 바다 물결 같으니"(6절). 7절에서는 아주 분명하게 말씀합니다. "이런 사람은 무엇이든지 주께 얻기를 생각하지 말라." 안 주신다는 것입니다. 8절에 의심에 대해서 결론적으로 말씀합니다. 두 마음을 품어 모든 일에 정함이 없는 자로다. 이 말씀을 믿으시기 바랍니다. 의심을 하지 마시지를 바랍니다.

5. 믿음과 기도의 관계를 깨달아야

결론적으로 오늘 우리는 믿음과 기도의 관계를 깨달아야 합니다. 믿음과 기도는 손의 안과 등처럼 뗄 수 없는 관계를 가지고 있습니다. 새의 두 날개처럼 우리들을 하나님께로 올라가게 합니다. 새는 절대로 한쪽 날개만으로는 날지를 못합니다. 양쪽 날개가 둘 다 튼튼해야 합니다. 그럴 때 새는 하늘 높이 날아갈 수 있습니다. 이제 바라기는 우리의 부족한 모든 것이 기도를 통해서 해결될 수 있기를 축원합니다.

기도를 하지 않으니까 우리가 부족한 삶을 사는 것입니다. 언제까지 부족한 삶을 살아야 합니까? 기도해서 풍성한 삶을 살 수 있기를 축원합니다.

인도하시는 하나님

(잠16:4-11)

이스라엘의 광야 생활의 역사를 보면 하나님께서는 이스라엘 백성들을 낮에는 구름기둥으로, 밤에는 불기둥으로 인도하셨던 분이셨습니다. 그것은 과거만 그런 것이 아니라 지금도 변함없이 우리를 인도하시는 분이십니다. 비록 지금 정치적으로 경제적으로 위기에 있지만 하나님께서는 우리들을 버리지 않으셨습니다. 믿습니까?

하나님께서는 어떻게 인도하시나요?

(1) 우리의 경영을 성취케 하심

여호와는 우리의 경영을 성취케 하셔서 인도하십니다(1-3절). 우리는 모든 것을 내가 성취한다고 착각합니다. 그렇지 않습니다. 무엇 하나 내 힘으로 되는 것이 없습니다. 다 하나님의 은혜요, 그의 축복입니다.

(2) 씌움에 적당하게 지으심

하나님께서는 4절에 보면 "그 씌움에 적당하게 지으셨다"고 했습니다. 우리도 하나님께서 하나님의 용도에 적당하게 지으신 것을 믿으시기 바랍니다. 우리 가정은 물론 교회도 하나님의 씌움에 적당하게 지으셨다는 말씀입니다.

(3) 여호와를 경외함으로 악에서 떠남

6절에 보면 "여호와를 경외함으로 인하여 악에서 떠나게 되느니라"고 했습니다. 악은 사탄의 무기입니다. 사탄은 우리들에게 악을 범하게 하여 그 쇠스랑에 묶어서 마음대로 조정하기를 원합니다. 그래서 악은 사탄과 연결되어 있는 것입니다.

(4) 원수라도 더불어 화목케 하심

7절에 보면 하나님께서는 원수라도 더불어 화목케 하시는 분이시라고 했습니다. 하나님께서는 우리들이 다 형제요 자매들이기 때문에 화목 하는 것을 가장 기뻐하십니다. 그래서 꽃도 여러 가지의 형태와 색깔일 때 가장 아름답습니다. 가정도 그렇고 교회도 그렇습니다. 성도들도 한 가지 색깔이 아닙니다. 남자와 여자, 노인과 아이들, 느린 사람, 빠른 사람, 큰 사람, 작은 사람, 배운 사람, 못 배운 사람…. 다 조화를 이룹니다. 그러므로 나 혼자서는 아름답지 않습니다. 여럿이서 조화를 이루고 화목할 때 정말 하나의 예술품이 되는 것입니다. 그러므로 나와 다른 사람들이 있는 것을 기분 나쁘게 생각지 말고, 오히려 감사하시기 바랍니다. 왜냐하면 조화의 미가 생기기 때문입니다.

(5) 우리의 걸음을 인도하심

9절에 보면 여호와는 우리의 걸음을 인도하시는 분이시라고 했습니다. 이 땅에서의 장애나 고통은 다 내 마음대로 무엇을 하려고 할 때 옵니다. 그러므로 교만을 버리고, 하나님께 내어맡겨야 합니다. 그가 우리의 걸음을 인도하여 주시기 때문입니다.

그러므로 이제 우리가 해야 할 것은 겸손해야 합니다. 그에게 의지해야 합니다. 그만을 따라가야 합니다. 항상 주님과 동행하기 위해서 기도해야 합니다. 말씀을 깨닫는 즉시 순종해야 합니다. 바라기는 하나님의 인도하심에 따라 우리의 삶이 하나님이 기뻐하는 삶이 되기를 축원합니다.

하나님의 자랑감 되자

(고후1:12-14)

사람은 누구나 자랑하는 재미로 삽니다. 왜냐하면 자랑은 자기가 인정받기를 원하는 것의 표현이기 때문입니다. 그러므로 자랑은 누구에게나 필요합니다. 그러나 문제는 우리의 자랑이 헛된 자랑인 경우가 많습니다. 바라기는 우리의 자랑이 참된 자랑이기를 바라고 하나님께 영광이 되는 자랑이기를 축원합니다.

첫째로 헛된 자랑은 어떤 것인가?

둘째로 참된 자랑은 어떤 것인가?

셋째로 참된 자랑을 하면서 사는 생활은 어떤 것인가를 말씀드리겠습니다.

1. 헛된 자랑은 어떤 것인가?

(1) 육신과 안목과 이생의 자랑

요일 2:16절, "세상에 있는 모든 것이 '육신의 정욕과 안목의 정욕과 이생의 자랑'이니."

(2) 조각한 신상을 섬기며 자랑

시 97:7절, "조각한 신상을 섬기며 허무한 것으로 자랑하는 자는 다 수치를 당할 것이라".

(3) 내일을 자랑

잠 27:1절, "너는 '내일 일'을 자랑하지 말라. 하루 동안에 무슨 일이 일어날는지 네가 알 수 없음이니라"

(4) 사람을 자랑

고전 3:21절, "그런즉 누구든지 '사람을 자랑'하지 말라".

2. 참된 자랑은 어떤 것인가?

(1) 하나님이 우리의 영원한 자랑

사 34:2절, "내 영혼이 '여호와로' 자랑하리니 곤고한 자가 이를 듣고 기뻐하리로다."

(2) 주 안에서 자랑

고후 10:17절, "자랑하는 자는 '주 안에서' 자랑할지니라."

(3) 약한 것을 자랑

고후 11:30절, "내가 부득불 자랑할진대 나의 '약한 것'을 자랑하리라".

3. 참된 삶의 자랑은 어떤 것인가?

(1) 허탄한 자랑을 쓰레기처럼 버려야

먼저 허탄한 것을 자랑하는 생활을 쓰레기처럼 버려야 합니다. 야 4:16, "너희가 허탄한 자랑을 하니 그러한 자랑은 다 악한 것이라"고 말씀했기 때문입니다.

(2) 그리스도의 십자가 자랑

갈 6:14절, "그러나 내게는 우리 주 예수 '그리스도의 십자가' 외에 결코 자랑할 것이 없으니".

그러면 십자가를 자랑하는 사람은 어떤 사람입니까? 십자가를 자랑하는 사람은 하나님께서 주신 은혜를 간증하고, 십자가로 구원받게 된 것을 간증하고, 십자가의 역사가 어떻게 나타난 것을 간증하는 생활입니다.

(3) 진리를 품고 자랑

그리스도의 진리를 우리 안에 소유하면, 우리의 자랑이 막히지 않습니다. 고후 11:10절, "그리스도의 진리가 내 속에 있으니 아가야 지방에서 나의 이 자랑이 막히지 아니하리라."

맺는말

오늘도 우리는 자랑할 것이 많은 성도가 되기를 바라고, 무엇보다도 헛된 자랑이 아니라 참된 자랑이 되기를 축원합니다.

교역자들에 대한 바른 자세

(고전16:10-24)

지금 세상에서는 주의 종들이 수난을 당하는 때가 되었습니다. 왜냐하면 세상적인 표준으로 주의 종들을 평가하고 있기 때문입니다. 처음 예수를 믿는 사람들은 그렇지 않지만 오랫동안 믿은 사람들이 빠지기 쉬운 함정은 바로 교역자들을 직원처럼 취급하고, 생활비를 충분히 주지 않고 있는 점입니다. 물론 우리 교회는 그렇지 않은 줄 믿지만 그러나 전국적으로 보면 그런 경우를 많이 봅니다.

바울이 고린도 교회에 주시는 말씀을 함께 살펴보도록 하겠습니다.

1. 교역자들이 생활비 걱정 없이 지내게 해야

10절, 조심하여 교역자들이 '두려움 없이 지내게' 해야 합니다. 교역자가 생활비 때문에 염려하고 자녀들의 교육 문제로 걱정하게 되면 결국 손해는 교인들 자신이 당하게 됩니다. 솔직히 교인들은 교역자들이 당하는 물질적 고통을 이해하지 못합니다.

특히 부교역자들은 부인이 벌어야 살 수 있는 경우가 많습니다. 바라기는 우리의 교회는 교역자들이 생활에 대한 두려움을 갖지 않도록 교회가 책임지는 그런 사랑이 넘치는 교회가 되기를 바랍니다.

2. 교역자를 멸시하지 말아야

11절, 교역자들을 멸시하지 말아야 합니다. 저는 가끔 다른 교회나 학교에서 강의를 합니다. 가면 참 대접도 잘 받고 존경을 받습니다. 그러나 우리 교인들 중에 그렇지 못한 분들이 혹 있을까 봐 두렵습니다. 물론 많은 눈으로 볼 때 목회자도 사람이기 때문에 약점도 많고, 부족한 점이 많지만 교역자들을 멸시하지 않기를 바랍니다. 결국 자신이 손해를 봅니다. 어떻게 손해를 보는가 하면 설교에 은혜를 못 받습니다. 결국 영적 영양실조에 걸린다는 말씀입니다.

3. 교역자 말씀에 순종해야

16절, 교역자들에게 복종해야 합니다. 성경을 가르칠 때, 하나님의 말씀을 증거할 때에는 절대적으로 복종해야 합니다. 15절에 보면 바울은 스데바나를 소개하면서 그런 사람은 성도를 섬기기로 작정한 사람이기 때문에 그들의 말에 복종하라고 했습니다. 바라기는 저와 여러분들은 교역자 킬러가 되지 말고, 또 교역자를 괴롭게 하는 말썽꾸러기가 되지 말고 말씀에 순종하는 성도들이 되기를 축원합니다.

4. 교역자의 수고를 알아주어야

18절, 무엇보다도 중요한 것은 주의 종들을 '너희는 알아주라'고 했습니다. 교역자들을 위한 최고의 방법은 그들의 고통과 수고의 눈물을 '알아주는 것'입니다. 그들이 교역자들에게 복종해야 하는 것입니다. 우리의 부모들도 마찬가지입니다. 자녀들로부터 뭐 굉장한 선물을 원하는 것도 아니고 돈을 바라는 것도 아닙니다. 부모의 수고하는 것을 알아주는 것입니다. 세상에는 소위 전문가들이 있습니다. 법의 전문가, 의술의 전문가, 학문의 전문가 등 각 분야별로 전문가들이 있습니다. 그들을 알아주는 사람은 지혜로운 사람들입니다. 목회자는 목회의 전문가입니다. 성경의 전문가입니다. 그런데 교인들 가운데는 때로는 교역자들의 전문분야를 무시하고, 이래라 저래라 하고, 지시하는 분들이 있습니다.

참 딱합니다. 바라기는 우리를 위해서 기도해주고, 섬기는 주의 종들을 알아주고, 생활비 때문에 고통을 당하지 않게 하고, 주의 말씀을 증거할 때에는 복종하는 우리 모두가 되기를 축원합니다.

5. 모든 교역자들의 소원

22절, 결론적으로 주의 종들의 소원은 모든 성도들의 '주를 사랑하라'는 것입니다.

바울은 심지어 "주를 사랑하지 아니하거든 저주를 받을지어다."라고 했습니다. 주를 사랑하는 것이 교역자들의 목적이고, 섬기는 이유이기 때문입니다.

맺는말

비록 개도 정승 집의 개는 함부로 대하지 않습니다. 왜냐하면 그 개의 주인의 체면과 그의 지위 때문입니다. 종도 그 주인에 따라 함부로 하지 못합니다. 박정희 대통령의 운전기사와 친하게 지낸 적이 있습니다. 한번은 박통이 암행을 할 때 고속도로 휴게실에서 쉬고 있었는데 유명한 회사의 회장님이 그 기사에게 박통을 직접 만날 수 있도록 해달라고 하면서 당시 돈으로 백만 원짜리 수표를 주었다고 했습니다.

박통에게 보고했더니 큰돈이 아니니 받으라고 했다고 했습니다. 그런데 그 기사 말이 자기 같은 사람도 대통령을 모시니 재벌 회장님도 쩔쩔 매더라며 세상은 참 재미있다고 했습니다.

제가 왜 이런 예화를 드는지 아십니까? 주의 종들은 세상적으로는 종에 불과하지만 하나님의 종인 것을 기억하고, 비록 부족해도 하나님을 섬기는 분들이기 때문에 함부로 대하지 않기를 바라서 하는 말입니다. 교역자가 섬기는 하나님은 높으신 분이기 때문입니다.

7가지 축복

(수1:1-9)

오늘 여호수아서를 가지고 7가지의 축복을 살펴보려고 합니다. 먼저 알아야 할 것은 여호수아란 말의 약자가 바로 예수란 말입니다.

마 1:21절에 보면 요셉에게 천사가 나타나서 성령으로 아들을 낳게 될 텐데 이름을 예수라고 지어라. 그 뜻은 자기 백성을 죄에서 구원할 자란 뜻이라고 현몽하여 주었습니다. 이 예수란 말과 여호수아란 말은 하브리어로는 똑같습니다. 그런 점에서 여호수아는 예수님의 모형이라고 할 수 있습니다. 둘째로 예수님의 사명과 여호수아의 사명은 똑같은 것입니다.

예수님이 이 땅에 오신 목적은 우리들을 천국으로 이민시켜주려고 온 것입니다. 마찬가지로 여호수아도 이스라엘 백성들을 약속의 땅으로 인도하기 위해서였습니다.

1. 광야백성의 특징

먼저 살펴볼 것은 광야백성의 특징이 무엇인가입니다. 제일 먼저 살펴볼 것은 가나안 땅에 들어가기 전의 광야 백성의 특징을 살펴보면서 오늘 우리가 살고 있는 세상을 조명해 보려고 합니다. 광야 백성들에게는 세 가지의 특징이 있었습니다.

(1) 광야 백성의 방황

광야 백성의 특징은 첫째로 '방황'이었습니다. 두 주간이면 갈 수 있는 가까운 거리인데 40년 동안 이스라엘 백성들이 방황한 것은 저들의 불신 때문이었습니다.

12명의 정탐꾼이 가나안 땅을 40일간 정탐하고 돌아와서 보고할 때에 10명의 다수는 부정적인 보고를 하였고, 소수 2명은 긍정적인 보고를 하였습니다. 이때에 군중들은 모세와 아론을 제거하고, 혁명을 일으키려고 하였습니다. 그래서 하나님은 하루를 일 년으로 계산해서 40년간 광야에서 방황하게 하였습니다.

방황은 하나님의 심판입니다. 더욱 중요한 것은 방황은 하나님의 훈련이란 점입니다. 가나안 땅에 들어갈 수 있는 신앙훈련을 위해서 40년간의 여유를 주신 것입니다.

(2) 육적인 추구만 일삼음

광야 이스라엘 백성들은 '육적인 추구'만을 일삼았습니다. 우리는 육을 가진 존재이기 때문에 의식주가 필요합니다. 옛날에는 이십여 가지만 있으면 최소한의 생활을 할 수 있었지만 현대를 살아가는 우리들은 적어도 칠십여 가지가 있어야 살 수가 있습니다. 자꾸만 가지 수가 늘어가고 있습니다.

더욱이 현대를 살아가는 우리들은 육적인 욕구가 점점 많아지고 있습니다. 만나만으로 만족하지 못하고, 생수뿐만 아니라 메추라기 같은 것을 요구합니다. 또 취미생활 없이는 날마다의 생활에서 일어나는 지루함이나 짜증스러움을 해결할 수가 없습니다. 그러나 바닷물은 마시면 마실수록 더 갈증이 나듯이 육적 욕구는 영적인 충족 없이는 해결할 수가 없는 것입니다.

(3) 좌절한 백성

끝으로 광야 백성의 특징은 '좌절'입니다. 내 마음대로 했는데 결과는 정반대의 방향으로 갔고, 무엇인가 남길 만한 것이나 실제로 이룬 것은 하나도 없습니다. 그래서 좌절하게 됩니다. 그러나 이 좌절은 사탄 마귀의 가장 무서운 무기 중의 하나입니다. 사탄이 사용하는 무기는 첫째는 교만이요 둘째는 좌절입니다.

이 좌절은 죽음에 이르는 길입니다. 그러므로 좌절하지 마시기 바랍니다. 지금도 살아계셔서 우리와 함께 하시는 하나님, 권능의 하나님과 함께 하셔서 좌절에서 벗어날 수 있기를 축원합니다.

2. 7가지 복

본문에서 약속한 7가지의 복은 무엇인가 알아보겠습니다.

(1) 너를 능히 당할 자 없으리니

5절 상, "너의 평생에 너를 능히 당할 자 없으리니"라고 했습니다.

당시 가나안 땅에는 7부족들이 살고 있었는데 이들은 철기문화를 먼저 받아들고 훈련된 군대도 많았기 때문에 종노릇했던 이스라엘 민족과는 싸울 상대가 되지 못했습니다. 너무도 강하였습니다.

첫째 가나안의 7부족들은 철제무기를 사용했고, 둘째 전쟁에 대한 경험과 훈련이 잘 되어 있었습니다. 그러나 하나님은 여호수아에게 너의 평생에 능히 당할 자가 없다고 선포하였습니다.

왜 예수님이 이 땅에 오셨습니까? 로마서 8장에 아주 잘 요약하고 있습니다. "그러나 이 모든 일에 우리를 사랑하시는 이로 말미암아 우리가 넉넉히 이기느니라" 바울도 빌립보서 4:13절에서 "내게 능력 주시는 자 안에서 내가 모든 것을 할 수 있느니라"고 고백했습니다.

지금 우리 주변에는 여호수아 당시에 7부족이 살고 있는 것처럼 지금 우리 주변에도 수많은 적들이 둘러싸고 있습니다. 직장에서의 적, 사회에서 인간관계에 수많은 적들이 있습니다. 이들은 하나님과 우리 사이를, 우리가 만세 반석 되시는 예수님 안에 있는 한 이 세상에서 아무도 우리를 당할 자가 없는 것을 믿으시기 바랍니다.

(2) 모세와 함께 있던 것 같이

두 번째로 하나님께서 여호수아에게 주신 말씀은 "내가 모세와 함께 있던 것 같이 너와 함께 있을 것임이라"고 했습니다. 모세에게 권능의 지팡이를 주신 것처럼 여호수아에게는 칼의 권능을 주셨던 것입니다.

그러면 오늘의 우리들에게 주시는 권능은 무엇입니까? 그것은 바로 믿음이란 권능입니다. 믿음은 권능이 나타납니다. 할 수 있거든이 무슨 말이냐? 믿는 자에게는 능치 못할 일이 없느니라.

(3) 내가 너를 떠나지 아니하며

세 번째로 여호수아에게 주신 말씀은 "내가 너를 떠나지 아니하며 버리지 아니하리니"라고 약속했습니다.

우리 주님의 이름 중에 임마누엘이란 이름은 하나님이 우리와 함께 계신다는 뜻입니다. 그런데 주님도 제자들에게 지상명령을 주신 다음에 "볼지어다. 내가 세상 끝날 때까지 항상 너희와 함께 있으리라"고 약속했습니다. 그러므로 우리는 외롭지 않습니다. 하나님이 우리와 함께 계십니다. 성령이 우리와 함께 계십니다. 믿습니까?

(4) 천국소유의 약속

네 번째로 하나님이 여호수아에게 주신 말씀은 "내가 그 조상에게 맹세하여 쓰리라 한 땅을 얻게 하리라"는 약속입니다. 천국소유의 약속입니다. 주님이 이 땅에 오신 것은 바로 천국 백성을 삼기 위해서입니다. 이것은 우리들에게 주신 약속이요 특권입니다.

(5) 어디로 가든지 형통

다섯 번째로 주신 약속은 "어디로 가든지 형통하리다." 장소에 관계없이 형통한다는 약속입니다. 그러기 위해서는 두 가지를 하라고 했습니다. 먼저 율법을 다 지켜 행하라. 다음은 치우치지 말라는 것입니다. 다시 말하면 우리가 형통하지 못한 이유가 두 가지가 있다는 것입니다. 첫째는 내 마음대로 무엇을 하려고 하기 때문입니다. 역사의 주인은 하나님이십니다. 역사의 주관자가 하나님이신데 인간이 모든 것을 다 하려고 하는 것입니다. 그래서 가는 곳마다 막다른 골목입니다. 빨간 불이 나옵니다.

다음은 좌로나 우로나 치우치지 말라고 했습니다. 우리는 항상 치우칩니다. 정에 치우치거나 아니면 명분에 치우치거나 항상 치우치기 때문에 길을 잃고 방황합니다.

(6) 네 길이 평탄하리라

여섯째로 하나님께서 여호수아에게 주신 말씀은 "네 길이 평탄하게 될 것이라"는 것입니다. 오늘날 우리가 살고 있는 세상은 문명사회이기 때문에 모든 시설이 날로 편리하고 평탄해집니다. 그러나 영적으로는 그렇지 않습니다. 광야인지라 길이 험합니다. 찬송가의 말씀처럼 "괴롬과 죄가 있는 곳, 험하고 높은 이 길을 싸우며 나아갑니다."

마치 여행을 하면 시설이 아무리 좋고 음식이 좋아도 집에 돌아와서는 '에이 우리 집이 최고야' 하고 말합니다. 이 세상이 참 좋습니다. 더욱이 미국은 모든 면에서 한국보다 좋습니다. 그러나 나이를 먹게 되면 비록 부족해도 고국에 가고 싶은 것이 사실입니다.

그러나 영원한 고향은 하나님이 계신 우리의 천국입니다. 이 천국을 예수님의 오심으로 인해서 우리의 것이 되었습니다. 그 천국을 지금 여

러분들의 마음속에, 가정에, 직장에, 교회 안에서 소유하실 수 있기를
축원합니다.

(7) 너와 함께 하느니라

마지막으로 여호수아에게 하신 말씀은 "너와 함께 하느니라"는 것입
니다. 하나님께서 우리와 동행해 주시겠다는 약속입니다. 여행을 해보
면 혼자 가는 것보다 아내와 함께 가면 더 편하고 마음이 기쁩니다. 동
행자가 있기 때문입니다. 말동무도 되고 서로 도울 수 있기 때문입니다.
그런데 주님께서 우리와 동행하시겠다고 약속했습니다. 그러므로 우리
는 이 땅에서 혼자가 아닙니다. 동행자인 주님이 함께 계십니다. 혹시
그 동안 혼자서 이 세상에서 사는 분들이 있다면 오늘 주님과 동행하는
축복을 함께 나누시기를 축원합니다.

하나님이 기뻐하시는 삶

(잠22:17-29)

인간의 소망은 행복에 있습니다. 그래서 많은 사람들은 자기의 기쁨을 구하고 쾌락을 찾습니다. 그러나 참 행복은 하나님을 기쁘게 해드리는데 있습니다. 한 가정에서도 남편은 아내를, 아내는 남편을 기쁘게 해주려고 할 때에 행복이 오듯이 인생의 행복도 하나님을 기쁘게 해드리는 데서 옵니다. 그러면 어떻게 할 때에 하나님께서 기뻐하실까요?

1. "지혜 있는 자의 말씀을 들으며"(17절)

우리가 하나님의 말씀을 들을 때 하나님께서는 기뻐하신다는 것입니다. 부모는 자녀들이 부모의 말씀을 들을 때 기뻐하듯이 하나님께서도 그렇습니다. 안 들으면 무시당하는 기분이듯이 하나님께서도 마찬가지입니다.

2. "말씀을 깨닫게"(21절) 될 때

하나님께서는 인격적 하나님이시기 때문에 우리가 그의 말씀을 들을 뿐만 아니라 깨닫기를 원하십니다. 왜냐하면 깨달을 때 변화가 오고, 새로워지기 때문입니다.

3. 탈취하지 않고 압제하지 않을 때(22절)

우리는 세상에 살면서 남의 것을 탈취하고, 압제할 때가 많습니다.

꼭 악한 사람만 그런 것은 아닙니다. 남의 시간을 빼앗는 것도 탈취입니다. 또 밑에 있는 사람들을 억압하는 것도 다 압제입니다. 하나님께서는 이런 삶을 기뻐하지 않는다는 것입니다.

4. "노를 품는 자와 사귀지 말며"(24절)

인간에게는 사귐이 대단히 중요합니다. 왜냐하면 어떤 사람과 함께 지내느냐에 따라 그 사람의 취미와 생각과 생활이 변하기 때문입니다. 그래서 본문에서는 노를 품는 자와 사귀지 말라고 했습니다. 불똥이 튀어오기 때문입니다. 노는 마침내 미움으로 변하기 때문입니다. 그러므로 우리는 스스로 화 잘 내는 사람이 되지도 말고, 또 그런 사람과 가까이도 하지 않는 것이 지혜로운 삶이라는 것입니다.

5. "남의 빚보증이 되지 말라"(26절)

우리나라에는 연대보증이란 아주 나쁜 제도가 있습니다. 아니 어떻게 남에게 보증을 설 수 있습니까? 내가 나에 대해서도 자신 있게 책임을 못 지는데 어떻게 남에게까지 보증을 할 수 있습니까?

6. "옛 지계석(경계표)을 옮기지 말찌니라"(28절)

욕심을 내지 말라는 것입니다.

7. "사업에 근실한 사람"(29절).

끝으로 근실한 사람이 되라는 것입니다. 성실로 자기의 식물을 삼는 것을 하나님은 기뻐하신다는 것입니다. 그러므로 여러분들이 교회에서 어떤 직분을 맡았든지 성실하시기를 바랍니다. 책임만 맡아 놓고, 아무 일도 하지 않으면 협조적 방해꾼이 되기 때문입니다.

맺는말

인간의 행복은 하나님을 기쁘게 해드리는 데 있습니다. 그러면 어떻게 할 때에 하나님이 기뻐하십니까? 오늘은 하나님을 기쁘게 해드리는 7가지 비결을 함께 살펴보았습니다. 그것은 하지 말아야 할 것과 할 것으로 나눌 수 있습니다. 날마다 우리는 하나님께서 하지 말라고 한 것은 하지 말고, 하라는 것만 행함으로 지혜 있는 삶을 살아서 위로는 하나님께 영광을 돌리고, 자신은 행복한 삶을 살 수 있기를 축원합니다.

의인의 기도

(잠15:29-33)

하나님은 인격적인 하나님이시기 때문에 말씀을 하시기도 하고, 들으시기도 합니다. 오늘은 의인의 기도를 들으시는 하나님에 대해서 말씀을 드리려고 합니다.

1. 하나님이 들으시는 기도는?

(1) 악인은 아무리 기도해도 허사

29절에 보면 부정적인 면에서 말씀하고 있습니다. "여호와는 악인을 멀리하시고"라고 했습니다. 악인은 아무리 기도해도 하나님 앞에서 응답을 받지 못한다는 뜻입니다. 그의 죄가 하나님과의 사이를 가로막기 때문입니다. 그러므로 우리는 기도하기 전에 먼저 하나님과의 관계가 바로 되어야 합니다.

누가 악인입니까? 악인이란 죄를 짓는 사람이 아니라 죄를 회개하지 않는 사람입니다. 사실 죄는 모든 사람이 다 짓습니다. 문제는 회개를 하지 않는데 있습니다. 그러므로 기도할 때마다 회개하는 우리들이 되기를 바랍니다.

(2) 의인의 기도는 들으심

29절 하반 절에 보면 긍정적으로 말씀하고 있습니다. "의인의 기도는 들으시느니라" 의인이 누구입니까? 하나님과의 관계를 바로 가진 사람이 의인입니다. 어떻게 하나님과의 관계를 바로 가질 수 있습니까? 죄는 회개하고, 이룬 것은 감사하고, 할 일을 주님께 맡기는 믿음의 소유자입니다.

벧전 3:12절에 보면 "주의 눈은 의인을 향하시고"라고 했습니다. 왜 여호와의 눈이 의인을 향하십니까? 관심이 많기 때문입니다. 사랑하기 때문입니다. 동행하기 때문입니다.

또 약 5:16절에 보면 "의인의 간구는 역사하는 힘이 많으니"라고 했습니다.

(3) 겸손은 존귀의 앞잡이

33절에 보면 "겸손은 존귀의 앞잡이니라"고 했습니다. 겸손한 기도가 응답되고 존귀하게 만든다는 뜻입니다. 누가복음 18:9-14절에 보면 바리새인의 기도와 세리의 기도가 대조적으로 나옵니다. 바리새인의 기도는 자기의 의를 자랑하는 정말 교만한 기도였습니다. 그러나 세리의 기도는 회개하는 기도였습니다. 주님은 누구를 칭찬했습니까? "자기를 높이는 자는 낮아지고, 낮추는 자는 높아지리라."고 했습니다.

2. 응답받는 기도를 위해 무엇을 해야 하나?

(1) 죄의 담을 무너뜨리고 회개

먼저 죄를 회개하여 하나님과 우리를 가로막고 있는 죄의 담이 무너져야 합니다. 29절에서 "여호와는 악인을 멀리 하시고"라고 했기 때문입니다.

(2) 하나님과의 관계 회복

다음은 하나님과의 관계를 회복해야 합니다. 의인이 되어야 합니다. 그것은 믿음뿐입니다. 왜냐하면 15:29절에서 의인의 기도는 들으신다고 했기 때문입니다.

(3) 영안으로 하나님 뜻을 분별해야

30절에 보면 "눈의 밝은 것은 마음을 기쁘게 하고" 라고 했습니다. 영안이 밝아져서 하나님의 뜻을 분별해야 합니다. 왜냐하면 기도는 내 뜻을 이루는데 목적이 있는 것이 아니라 하나님의 뜻을 분별하는데 있기 때문입니다.

(4) 여호와 경외는 지혜의 훈계

마지막으로 33절에 보면 "여호와를 경외하는 것은 지혜의 훈계라" 말씀 한대로 하나님을 경외하는 마음을 가져야 합니다. 경외함이 없이 기도를 하는 것은 형식일 뿐입니다.

가난의 이유

(잠24:23-34)

저는 가난하게 살았기 때문에 가난한 사람들을 보면 불쌍한 생각이 들어서 돕고 싶은 마음이 생깁니다. 그러나 열 사람을 도와서 한 사람도 못 살리는 체험을 많이 했습니다. 예를 들어 돈을 꾸어주면 떼어먹습니다. 미래를 생각지 않기 때문입니다. 결국 정직하지 않기 때문에 가난한 것입니다. 오늘 본문에 보면

1. 가난은 불성실하고 게으른데서 옴

33절에 보면 "네가 좀 더 눕자, 좀 더 졸자, 손을 모으고 좀 더 눕자 하니 네 빈궁이 강도같이 오며"라고 했습니다. 남보다 더 자고, 더 열심이 없을 때, 다시 말해서 불성실할 때에 빈궁(가난)이 강도같이 온다는 것입니다. 30절에 보면 게으른 자의 발에는 가시덤불과 거친 풀이 지면에 덮인다고 했습니다. 또 돌담까지 무너진다고 했습니다. 게으른 자는 결국 망하고 만다는 뜻입니다.

그래서 시편 37:3절에 "성실로 식물을 삼을지어다."라고 했습니다. 저는 제 삶의 철학을 '정직과 성실'로 삼고 지금까지 살아왔고 앞으로도 그렇게 살 것입니다.

2. 가난은 일의 순서가 잘못될 때 옴

가난의 또 다른 이유는 일의 순서가 잘못될 때 온다는 것입니다. 27

절에 "네 일을 밖에서 다스리며, 밭에서 예비하고, 그 후에 내 집을 세울지니라"고 했습니다. 이 말의 뜻은 먼저 바깥일을 다 해놓고, 다음에 네 밭일을 다 살핀 다음에 네 가정을 세우라는 뜻입니다. 간단히 말하면 '일의 우선순위를 바로 해야' 가난해지지 않는다는 것입니다. 다시 말하면 공적인 일을 먼저 하고, 다음에 사적인 일을 하라. 하나님의 일을 먼저 하고 다음에 사람의 일을 하라는 것입니다.

3. 가난은 남을 모함할 때 옴

가난하게 되는 이유는 28절에 나옵니다. "너는 까닭 없이 네 이웃을 쳐서 증인이 되지 말며 네 입술로 속이지 말찌니라" 다른 말로 말하면 남을 모함하는 사람은 가난해진다는 것입니다. 입술로 속이는 자도 가난하게 된다고 했습니다. 세상에서는 신용을 잃게 되기 때문이고, 영적으로는 하나님의 공의가 있기 때문입니다.

맺는말

우리는 몸에 병이 나서 가난해지고, 갑자기 직장을 잃어서 가난해질 수 있습니다. 그러나 정직하고 성실하면 다시 일어설 수 있습니다. 우리는 왜 우리나라가 2만 불의 수준에 이르지 못하는가 하고 의아해 할지 모르겠습니다. 그러나 거기에는 세 가지의 이유가 있다는 것을 발견하였습니다.

첫째는 성실하지 않기 때문이고,
둘째는 일의 우선순위를 바로 하지 않기 때문이고,
셋째는 거짓말을 하기 때문입니다.

그러므로 우리는 가난하게 되는 이유를 아셨으니 모두가 부자 신자가 다 되시기를 축원합니다.

갈등 속에서 승리하는 비결

(롬7:14-25)

세상에 태어난 우리는 모두가 갈등 속에서 살아갑니다. 오늘은 갈등 속에서 승리하는 비결을 나누려고 합니다.

1. 우리 안에는 두 개의 자아가 있음

무엇보다 중요한 것은 우리 안에는 두 개의 자아가 있다는 점입니다.

하나는 옛 사람, 즉 믿기 이전의 사람이고 다른 하나는 새사람, 즉 거듭난 사람입니다. 옛 사람은 죄악에 팔린 육신이고, 새사람은 악을 미워하는 거듭난 사람입니다. 중요한 것은 믿기 전에는 항상 옛 사람이 이겼으나 믿고 난 후에는 두 자아의 사이에 갈등이 생기게 됩니다. 만약 우리 안에 영적 갈등이 없다면 어쩌면 아직 거듭나지 않았기 때문인지도 모릅니다.

롬 7:22-23절에서는 이렇게 말합니다. "내 속사람으로는 하나님의 법을 즐거워하되 내 지체 속에서 한 다른 법이 내 마음의 법과 싸워 내 지체 속에 있는 죄의 법 아래로 나를 사로잡아 오는 것을 보는도다."

그래서 바울은 24절에서 탄식을 하였던 것입니다.

"오호라 나는 곤고한 사람이로다 이 사망의 몸에서 누가 나를 건져내랴".

2. 승리의 비결은?

우리가 꼭 알아야 할 것은 예수를 안 믿으면 옛 사람이 이긴다는 사실입니다. 그런데 예수를 믿어도 옛 사람이 이기는 경우가 있습니다.

(1) 율법대로 살면 옛 사람이 이김

바울이 24절에서 한 고백은 율법대로 살았던 때의 고백입니다.

(2) 육신대로 살면 옛 사람이 이김

육신은 항상 본능을 중심으로 삽니다. 본능으로 살 때가 옛 사람이 이길 때입니다.

(3) 자기의 생각대로 살 때

자기의 생각대로 살면 옛 사람이 이깁니다.

(4) 성령을 소멸했을 때

성령의 역사가 일어나지 않도록 성령을 소멸하면 옛 사람이 이기게 됩니다.

(5) 이름만 교인일 때

교회에 등록은 하되 깊이 교회 일에 참여하지 않고, 가끔 교회에 나가는 이름만 기독교인 행세를 할 때 옛 사람이 이깁니다.

왜냐하면 성령의 충만함을 받지 못하기 때문입니다.

3. 새사람이 이기는 비결은?

(1) 영적 양식을 풍족히 먹을 때

말씀의 양식을 풍족히 먹으면 새사람이 힘을 얻게 됩니다. 잘 먹어야 힘이 나고 강해집니다. 영적인 힘도 영적인 양식을 먹어야 강해지고 그것이 새사람이 이기는 비결입니다.

(2) 기도의 능력을 받을 때

기도하여 능력 받으면 새사람이 틀림없이 이기게 됩니다.

왜냐하면 기도는 옛 사람을 이기는 능력이 있기 때문입니다.

(3) 주님과 동행할 때

주님과 함께 동행 하면 주님께서 새사람이 승리하게 해주십니다.

(4) 성령의 충만을 받을 때

성령의 충만을 받으면 틀림없이 새사람이 이깁니다.

행 1:8절에 "오직 성령이 너희에게 임하시면 너희가 권능을 받고 예루살렘과 유대와 사마리아와 땅 끝까지 이르러 내 증인이 되리라"고 했습니다.

(5) 긍정적 사고방식을 가지고 살 때

긍정적 사고방식을 가지고 살면 승리할 수 있습니다.

왜냐하면 믿는 자에게는 능치 못할 일이 없기 때문입니다(막9:23).

개구리 재앙

(출8:1-15)

개구리는 지상에 약 2천 종류가 서식하고 있습니다. 주로 논과 늪에서 삽니다. 그것은 개구리의 호흡문제 때문입니다. 개구리는 허파로 숨을 쉬지만 또 피부로도 숨을 쉬기 때문에 피부가 마르면 호흡을 할 수 없어서 물에 자주 들어가야 합니다. 그래서 논과 밭에서 삽니다.

애굽에서 왜 개구리를 풍요와 다산의 신으로 섬겼는가요? 개구리는 물이 있는 주변에 살아야 하기 때문에 개구리가 있는 곳은 항상 비옥하여 농사가 잘됩니다. 또 1000개의 알에서 나온 올챙이가 많기 때문에 다산의 신으로 섬겼던 것입니다.

그런데 계시록 16:13절에 보면 개구리를 '더러운 영'이라고 표현했습니다. 사실 개구리는 더럽습니다. 흐르는 물보다 웅덩이 물에서 살기 때문입니다. 그런데 풍요와 다산의 신이 오히려 자기들에게 저주가 되었습니다.

1. 개구리 외에 신처럼 섬김으로 재앙이 된 경우가 있음

(1) 돈

돈 때문에 행복해진 사람은 별로 없지만 불행해진 사람들은 우리 주변에 헤아릴 수 없을 만큼 많습니다.

가난할 때는 부부가 함께 손을 잡고 살았는데 부자가 된 후에는 남편은 첩을 두고, 아내를 박대하는 경우가 얼마나 많은지 모릅니다. 돈이 결국 원수인 것입니다.

(2) 권력

권력으로 끝까지 행복한 사람은 없습니다. 그러나 권력 때문에 망한 사람은 많습니다. 그 중에 하나가 바로 헤롯입니다. 아들들과 아내를 죽이고, 예수님까지 죽이려고 했습니다. 그래서 '헤롯의 아들로 태어나는 것보다는 돼지로 태어나는 것이 더 좋다'는 격언이 있을 정도였습니다.

2. 사람은 급할 때 하나님을 찾음

바로가 바로 그런 사람이었습니다. 그러나 참 신앙은 급하나 안 급하나, 형통하거나 안 형통하거나 믿는 것이 참 신앙입니다. 참 신앙은 항상 전천후적입니다. 우리 주변을 보면 어려울 때는 새벽 기도에 열심히 나오다가 돈을 벌고 성공하면 해외여행 다닌다고 주일 성수도 안 합니다. 지금은 참 신앙을 보기가 어렵게 되었습니다.

3. 길가에 떨어진 씨앗 같은 믿음

강퍅한 마음은 길가 밭과 같아서(마13:4) 말씀의 뿌리를 내리지 못합니다.

세상에서 가장 비참한 사람은 예수 믿다가 타락한 사람입니다. 천국에도 못 가고 세상에서 쾌락도 제대로 못 누리기 때문입니다.

개구리 재앙 같은 작은 재앙이 임할 때 그것을 보고 깨달아야 합니다. 다음에는 회개하여 처음 행위를 회복하는 것입니다. 에베소 교회처럼 되지 말아야 합니다. 환난이 일어날 때에 깨달으면 빨리 해결되지만 깨닫지 못하면 해결이 늦어집니다.

거룩한 삶

(레11:44-45)

레 11:44-45절은 레위기의 핵심 구절입니다. 이 구절의 내용은 하나님은 거룩하니 우리도 거룩한 삶을 살아야 한다는 것입니다.

1. 왜 거룩한 삶을 살아야 하는가?

(1) 하나님은 거룩하기 때문

여기서 거룩하다는 뜻은 구별된 분이란 뜻입니다. 다른 것과 비교할 수 없는 분이란 뜻입니다. 그의 본질이나 성품이나 그 어느 무엇도 다른 것과 비교할 수 없는 분이십니다. 그러므로 그의 창조함을 받은 인간도 구별된 삶을 살아야 합니다.

(2) 거룩하다는 뜻은?

구약성경에 거룩이란 말이 830번이나 나옵니다. 그 뜻은 첫째, 하나님은 그의 창조물과는 구별된다는 뜻입니다. 둘째, 하나님께 속한 것은 다 거룩하다고 했습니다. 그래서 성전, 성물, 성도란 말을 사용합니다.

2. 어떻게 거룩하게 살 수 있는가?

(1) 유대인들의 방법

첫째, 안식일을 거룩하게 지킴

둘째, 할례를 받음

셋째, 십일조 생활을 함

넷째, 절기를 지킴(출23:14=무교절, 맥추절, 수장절).

(2) 예수님의 방법

첫째, 하나님께 헌신된 삶

둘째, 주일성수

셋째, 십일조 생활

넷째, 교회에서의 봉사(달란트 생활 청지기 정신)

다섯째, 직장에서 구별된 생활

3. 거룩한 삶을 살 때의 결과는?

(1) 하나님의 영광을 나타냄

영광이란 말의 뜻은 인정이나 환영을 받는다는 뜻입니다. 하나님의 하나님 되심이 인정되고, 그를 창조주로 인정하고 만물을 통치하는 분으로 안정되는 것을 영광이라고 말합니다.

놀라운 것은 요 12:23절에 "인자의 영광을 얻을 때가 왔도다"라고 했는데 그것은 바로 십자가에 달릴 때가 왔다는 뜻입니다. 그것은 십자가로 말미암아 하나님의 사랑과 하나님 되심이 잘 나타났기 때문입니다.

(2) 열매 맺는 생활을 함(갈5:22-23)

(3) 교회의 성장(마28:19-20)

(4) 세상에서 승리하는 생활(롬8:37, 고후2:14)

거짓말하지 말자

(잠19:1-9)

하나님께서 가장 미워하는 것의 하나가 바로 거짓말입니다. 왜냐하면 거짓은 사탄마귀에게서 나온 것이기 때문입니다.

1. 왜 거짓말을 하지 말아야 하는가?

(1) 거짓말은 하나님과 관계를 무너뜨림

십계명에도 보면 9번째 계명이 바로 거짓 증거 하는 것, 즉 거짓말을 하지 말라고 했습니다. 즉 하나님과의 관계를 무너뜨리기 때문입니다.

(2) 거짓말은 인간관계를 무너뜨림

거짓말은 인간관계를 무너뜨리기 때문입니다. 관계에서 가장 중요한 것은 신뢰의 구축인데 거짓말은 이 신뢰를 모래성처럼 만들어버립니다. 그래서 거짓말을 하지 말아야 합니다.

2. 언어의 뿌리와 거짓말

언어는 하나님께서 인간에게 주신 최고의 축복입니다. 언어를 통해서 사랑이 이루어지고, 언어를 통해서 문화와 문명이 발달합니다. 그러면 이 언어의 뿌리는 무엇일까요? 첫째는 사랑이고, 둘째는 신뢰입니다. 그런데 거짓은 이 모든 것을 무너뜨립니다. 그래서 거짓말은 무서운 것입니다. 사탄 마귀가 사용하는 가장 무서운 무기입니다.

에베소서 6장 10절 이하에 보면 하나님의 전신갑주가 나옵니다. 그 첫 번째가 '진리의 허리 띠'라고 했습니다. 거짓의 반대는 진리입니다. '허리 띠'에는 무기는 물론 여러 가지들을 달고 다닙니다. 전쟁과 봉사를 할 수 있는 준비를 합니다. 오늘날 사회가 분열되는 가장 중요한 이유는 거짓 때문입니다.

3. 거짓의 본질

인간은 언어가 있음으로 인해서 서로 사랑하고 협력하고 문화를 발전시켜 왔습니다. 그러나 거짓말은 인간관계를 무너뜨리게 만듭니다. 사람은 말이 없이는 못 삽니다. 그런데 언어를 중심으로 보면 3가지 부류의 사람이 있습니다. 큰 사람들은 사랑을 말하고, 진리를 말합니다.

그러나 보통 사람들은 시사를 말하고, 작은 사람들은 남의 얘기나 하고 다닙니다. 이런 남의 말은 아무런 유익이 없습니다. 여기서 남을 헐뜯는 말이 나오고, 루머가 나오고, 거짓말이 시작됩니다.

성경에 보면 이세벨이 나봇의 포도원을 뺏을 때 두 거짓 증인을 세워서 거짓말을 하게 했습니다(왕상21:10). 이들은 하나님과 왕을 저주하였다고 거짓말을 해서 나봇을 죽게 하고, 그 포도원을 빼앗았습니다. 이처럼 거짓말은 무서운 것입니다. 그래서 로마에서는 거짓말하는 자는 낭떠러지에서 떨어져 죽게 했고, 애굽에서는 코와 귀를 잘랐다고 합니다. 거짓은 큰 죄이기 때문입니다.

그러므로 성도인 우리들은 거짓을 멀리해야 합니다. 그것이 사탄을 멀리하는 비결입니다. 거짓은 사탄이 사용하는 가장 무서운 무기입니다. 더욱이 우리들은 경건한 삶을 살아야 하는데 그것은 바로 진실 된 삶입니다. 그러므로 거짓을 멀리하는 성도들이 다 되시기를 축원합니다.

건강의 비결은?

(잠15:13-15)

 현대인의 최대 관심의 하나는 건강입니다. 그래서 만나서 인사하는 것, 대화하는 것을 보면 건강에 대한 이야기입니다. 그러면 건강의 비결은 무엇입니까?

1. 마음의 즐거움

무엇보다도 마음의 즐거움에 있습니다. 그러려면 두 가지를 해야 합니다.

첫째는 부정적인 면에서 근심을 버려야 합니다.

둘째는 긍정적인 면에서 주님과 동행하는 삶을 살아야 합니다.

2. 잔치하는 삶

 항상 '잔치하는 삶', 즐겁게 살아야 한다는 것입니다. 신자 중에도 두 종류의 삶이 있습니다. 첫째는 장례식형의 삶이 있고, 둘째는 잔치형의 삶이 있습니다. 이것을 바울은 '항상 기뻐하라'는 말로 표현했습니다.

 요즈음에 신경면역학(psycho-neuro-immunology)라는 학문이 있습니다. 마음의 즐거움과 웃음의 가치를 연구하는 학문입니다. 놀라운 것은 아인슈타인과 프로이드 같은 천재들은 항상 아이들처럼 잘 웃으면서 살았다고 합니다.

 제가 주일마다 웃음을 강조하는 이유는 웃음이 ① 건강 ② 병을 치유

(암 환자의 회복에는 웃음 트레이닝이란 것이 있습니다). ③ 인생을 즐겁게 ④ 고민을 잊게 ⑤ 집안을 밝게 ⑥ 성격을 밝게 ⑦ 외모를 아름답게 ⑧ 식욕을 돋아 줌 ⑨ 인간관계의 증진 ⑩ 장수 ⑪ 직장생활에 활력소 ⑫ 정화작용(초조함 제거). 스트레스가 쌓이면 병이 되고, 웃으면 병이 달아난다고 합니다.

뇌파는 1초에 8-14 진동을 하는 알파파와 그 이상인 베타파로 되어 있습니다. 알파일 때 편안합니다. 집중력이 쟁기고, 기억력이 생깁니다. 고승들이 이런 훈련을 많이 합니다. 암세포를 죽이는 백혈구가 3할이 증가됩니다.

최근에 'New Start' 운동을 일으키고 있습니다.

Nutrition(영양 있는 음식)

Exercise(운동)

Water(물)

Sunshine(태양 빛)

Temperance(절제)

Air(공기)

Rest(휴식)

Trust in God(하나님께 대한 신앙).

여기서 주목해야 할 것은 바로 신앙심이 건강에 절대적인 영향이 있다는 점입니다.

게으른 자는

(잠26:13-28)

제가 쓴 「영적 전쟁」이란 책에서도 지적을 했습니다만 사탄은 게으른 자들을 불러 자기의 종으로 사용하기를 원합니다. 반대로 하나님께서는 자기의 생업에 바쁜 성실한 사람들을 불러서 큰 역사를 이루십니다. 그러므로 게으름이란 단순히 게으른 것이 아니고, 바로 영적 전쟁과 연결이 됩니다.

오늘 본문 13절을 보면, "게으른 자는 길에 사자가 있다, 거리에 사자가 있다 하느니라"고 했는데 이것은 게으른 자들이 일을 하지 않는 핑계를 기록한 말씀입니다.

그러면 어떤 사람이 게으른 자입니까? 본문 14절을 보면 "침상에서 구르느니라." 침대에서만 뒹구는 사람이란 것입니다. 잠자기를 좋아하는 사람을 말합니다.

얼마나 게으른가 하면 자기 손으로 밥 먹기도 싫어하는 사람이라고 했습니다. 저의 집 손녀가 자기 손으로 밥을 잘 먹습니다. 그러나 어떤 때는 먹여달라고 합니다. 아이들은 이해하지만 어른이 그럴 때에는 그것은 게으름입니다.

1. 게으른 자의 특징

크게 6가지입니다.

(1) 착각

첫째는 '착각'입니다. 어떤 착각입니까? 16절에 "자기를 지혜롭게 여기느니라"고 했습니다.

(2) 다툼

21절에 보면 게으른 자의 두 번째 특징이 나옵니다. "다툼을 좋아한다"고 했습니다.

(3) 남의 말하기

22절에 보면 "남의 '말하기'를 좋아한다"고 했습니다. 사실 그렇습니다. 남의 말이나 하고 다니는 사람은 게으른 사람입니다.

(4) 일곱 가지 '가증한 것'이 있음

25절에 보면 게으른 자는 "그 마음에 일곱 가지 '가증한 것'이 있음이라"고 했습니다.

그러면 그 일곱 가지가 무엇입니까? 여기서는 많다는 뜻으로 사용하고 있습니다. 다시 말해 게으른 자는 그 마음에 가증한 것, 역겨운 것이 많다는 말입니다.

(5) 함정 파기

27절에 보면 게으른 자는 '함정이나 파서' 남을 뜯어먹는 사람이라는 것입니다.

(6) 거짓말 잘함

28절에 보면 "거짓말 하는 자"가 게으른 자입니다.

2. 우리는 어떻게 살아야 하는가?

한 마디로 말해서 게으르지 말아야 합니다. 손을 부지런히 놀리는 사람이 되어야 합니다. 손은 제2의 뇌라고 말합니다. 손을 부지런히 놀리는 사람은 부자가 되고, 또 노화를 방지하게 됩니다. 좀 더 적극적으로

말해서 성실한 사람이 되어야 합니다. 자기 일에 성실한 사람이 주님의
일도 합니다.

　그런 사람은 남의 말이나 하고 다닐 시간이 없습니다. 또 우선순위를
통해서 꼭 해야 할 일을 구별하고 삽니다. 이제 바라기는 우리 모두가
다 게으르지 않고, 부지런한 사람, 성실한 사람이 다 되시기를 축원합
니다.

게으른즉

(전10:16-20)

성경에는 게으름에 대한 많은 경고가 있습니다. 특히 잠언에 보면 '게으른 자는 개미에게 가서 배우'라고 했습니다. 왜냐하면 게으른 자는 가난하게 되기 때문입니다(10:4).

또 게으른 자는 부림을 받느니라(10:4)고 했기 때문입니다. 아닌 게아니라 잘사는 사람들을 보면 공통점은 다 근면 성실하다는 점입니다. 반대로 가난한 사람들의 공통점은 다 게으르다는 점입니다.

1. 왜 게으르면 안 되는가?

(1) 한정된 시간을 살기 때문

인생의 시간은 한정되어 있고, 우리의 할 일은 많기 때문입니다.

통계적으로 보면 70년 산다고 해도 일할 시간은 20년에 불과하다는 것입니다. 그러기 때문에 우리는 게으르게 살 수가 없습니다.

(2) 엉뚱한 짓을 하기 때문

게으른 자는 마침내 곁길로 가기 때문입니다.

다윗처럼 위대한 사람도 게으름 피우다가 엉뚱한 짓을 했습니다. 부하들은 다 전선에 보내 놓고, 자기만 늦게 일어나 지붕 위를 거닐다가 밧세바의 목욕하는 모습을 보고 범죄했던 것입니다.

(3) 사탄의 친구이기 때문

사탄이 제일 좋아하는 자는 게으른 자이기 때문입니다.

반대로 하나님께서 불러서 쓰시는 사람들은 다 자기 일에 부지런한 사람들이었습니다. 예수님의 제자들도 다 자기 일에 열심을 다 했을 때 불렀습니다.

(4) 주님 섬기기를 소홀히 하기 때문

롬12:11절에 "부지런하여 게으르지 말고 열심을 품고 주를 섬기라"고 했기 때문입니다.

사실 예수를 믿으려면 안 믿는 사람보다 더 부지런해야 합니다. 똑같이 잠잘 것 다 자고 놀 것 다 놀면 교회에 나올 시간이 없고, 봉사할 시간이 없습니다.

2. 어떻게 살아야 하는가?

(1) 항상 부지런한 삶을 살아야

성실이란 말은 충성이라는 말과 같습니다. 하나님이 가장 기뻐하시는 것이 성실한 삶입니다. 성경에 교회의 직분자가 되기 위한 조건은 충성이라고 하였기 때문입니다.

(2) 성실과 진정으로 주를 섬길 것

수24:14절에 "성실과 진정으로 그를 섬길 것이라"고 했습니다.

성경은 '맡은 자에게 구할 것은 충성'이라고 했습니다.

(3) 남을 위해서 부지런히 봉사할 것

그러나 부지런한 것만으로는 부족합니다. 우리는 남을 위해서 부지런하고, 특별히 하나님의 영광을 위해서 부지런해야 합니다. 악한 일에 부지런한 것과 불신앙의 일에 부지런한 것은 아무 것에도 유익이 없고 모든 일에 해가 될 뿐이기 때문입니다.

견고케 하려면?

(잠29:1-17)

지금 세상은 모든 것이 다 흔들리고 있습니다. 개개인은 물론 가정마다 흔들리고, 교회가 흔들리고, 사회와 나라가 흔들리고 있습니다. 이런 세상에서 어떻게 하면 흔들리지 않고 견고하게 살 수가 있을까요?

오늘의 요절은 4절입니다. "왕은 공의로 나라를 견고케 하나", 14절에는 "그 위가 영원히 견고하리라"고 했습니다. 이 말씀들을 중심으로 '견고케 하려면'이란 제목으로 함께 은혜를 나누려고 합니다.

그러면 우리는 어떻게 하여야 견고케 할 수 있습니까? 본문에 보면 하지 말아야 할 것 4가지와 해야 할 것 2가지를 말씀하고 있습니다.

1. 하지 말아야 할 것 4가지

(1) 목이 곧으면 안 됨(1절).

목이 곧다는 말은 교만을 말합니다. 교만한 사람은 하나님의 축복을 다 줄줄 새어버립니다. 어떤 사람이 목이 곧은 사람입니까? 첫째로 하나님을 믿지 않는 사람이고, 둘째는 기도하지 않고도 신앙생활 할 수 있다고 생각하는 사람이고, 셋째로 하나님의 축복 없이도 잘 살 수 있다고 착각하는 사람입니다. 그래서 8절에서는 거만한 자가 되지 말아야 한다고 했습니다.

(2) 부끄러움 없는 공의로 살아야

부끄러운 삶을 살지 말아야 합니다. 따라서 뇌물이 없고, 공의로 다스려야 합니다(4절).

그러나 우리는 얼마나 많은 부끄러운 삶을 살고 있습니까? 그래서 우리는 날마다 기도의 제단을 쌓고 회개하는 것입니다.

(3) 어리석은 자가 되지 말아야(11절).

어리석으면 소경이 소경을 인도하는 격이 됩니다. 누가 어리석은 자입니까? 하나님을 경외하지 않는 사람이 어리석은 사람입니다. 인간의 유한성을 깨닫지 못하는 사람이 어리석은 사람입니다. 말씀대로 살지 않고도 성공할 수 있다고 생각하는 사람입니다. 기도하지 않고도 하나님의 축복을 받는다고 생각하는 사람입니다.

(4) 피 흘리기를 좋아하지 말아야(10절).

싸움을 좋아해서는 안 됩니다. 반대로 항상 평화를 사랑하여 가는 곳마다 화평케 하는 삶을 살아야 합니다. 사실 우리가 싸우고 다투는 이유는 자기의 주장과 이익 때문입니다.

2. 해야 할 것 2가지

(1) 남을 이해하는 삶

가난한 자의 사정을 알아주는 사람이어야 합니다(7절).

이것은 바로 남을 이해하는 삶입니다. 개구리 올챙이 적 생각을 잊지 않는 것을 말합니다.

(2) 자식을 바로 징계해야(17절).

삼성을 세운 이병철 씨가 이 세상에 마음대로 되지 않는 것이 두 가지가 있는데 하나는 골프가 마음대로 안 되고, 다른 하나는 자식을 마음대로 키우지 못한다고 했습니다.

우리는 성경에서 자식을 잘못 둔 두 제사장을 볼 수 있습니다. 하나는 엘리이고, 다른 하나는 사무엘입니다. 그러나 차이점은 엘리는 자식들을 바로 징계하지 않았습니다. 그러나 사무엘은 자식을 바로 징계하였으나 따르지 않았습니다.

맺는말

14절에 보면 "그 위가 견고히 서리라"고 했습니다. 중요한 것은 우리의 작은 성들(개인, 가정, 직장)이 견고히 서야 합니다. 그것은 오늘의 본문에서 말씀한 대로 하지 말아야 할 것 4가지와 해야 할 것 2가지의 일이 있다고 했습니다. 작게는 남에게 부끄러운 삶을 살지 말고, 또 어리석은 자가 되지 말고, 남을 이해하고, 자식을 바로 가르쳐야 14절의 '견고하리라'는 축복을 받을 줄로 믿습니다.

겸손과 여호와를 경외하면

(잠22:1-5)

잠언 21:21절에 보면 "의와 인자를 따라 구하는 자는 생명과 의와 영광을 얻느니라"고 했는데 오늘 본문에 보면 약간 다른 측면에서 말씀하고 있습니다. "겸손과 여호와를 경외함의 보응은 재물과 영광과 생명이니라"라는 말이 재물과 영광이란 말로 바뀌어져 있습니다. 인간이 원하는 세 가지가 바로 재물과 영광과 생명입니다. 그런데 그 비결이 겸손과 여호와를 경외하는데 있다고 했습니다.

1. 겸손해야 재물과 영광과 생명을 얻음

첫째로 겸손해야 재물과 영광과 생명을 얻게 됩니다. 왜냐하면 겸손은 하나님께서 주시는 모든 축복을 담는 그릇이기 때문입니다. 그런 점에서 겸손은 우리 기독교에서 가장 중요한 덕목에 속합니다. 사실 겸손해야 예수 믿게 되고, 겸손해야 말씀을 보고 기도합니다.

무엇이 겸손입니까? 자신의 부족함과 유한성을 인정하는 것입니다. 감사는 바로 이 겸손에서 옵니다. 반대로 불평과 원망은 교만에서 옵니다. 겸손이 어디서 옵니까? 모든 것이 다 하나님의 것이고, 하나님으로부터 온 것이란 믿음에서 옵니다. 그러나 헬라의 철학자들은 겸손을 깔보았습니다. 겸손은 여자의 윤리며 권위의 부족으로 보았던 것입니다. 그러나 주님은 겸손한 자를 가장 사랑했습니다.

2. 여호와를 경외하는 자의 보응

여호와를 경외하는 자의 보응은 재물과 영광과 생명입니다. 경외한다는 말은 두려워한다는 뜻입니다. 그러나 단순히 두려워만 하는 것이 아니라 존경과 사랑함으로 두려워한다는 뜻입니다. 마치 자녀가 아버지를 존경하며 두려워하듯이 하나님께 대하여 존경하며 두려워하는 것이 바로 경외입니다.

그러나 해로운 두려움이 있습니다. 강도를 만나면 어떻게 하나? 암에 걸리면 어떻게 하나? 자동차 사고를 당하면 어떻게 하나? 등등의 두려움은 하나님께 대한 믿음이 없을 때 생기는 세상적인 두려움입니다.

사탄은 이 해로운 두려움을 이용해서 우리를 협박하고, 우상에 빠지게 하고, 세상의 돈이나 권력이나 지식을 믿게 합니다. 그러나 생사화복은 하나님의 손 안에 있습니다. 소위 교인들도 이것을 머리로만 생각하고 절대적으로 믿지 못하고, 생활화하지 못하고 있습니다.

그러므로 우리는 첫째는 겸손하여 하나님이 주시는 축복을 담는 그릇을 준비하고, 둘째는 여호와를 경외함으로 재물과 영광과 생명을 소유하는 복된 성도들이 다 되기를 축원합니다.

경건한 삶은?

(잠16:21-33)

신앙생활은 한 마디로 말하면 경건한 삶을 말합니다. 그러므로 우리의 목적은 매일 어떻게 경건한 삶을 살 것인가에 있습니다. 경건이란 말은 godly 즉 하나님을 모시고 사는 삶이고, 하나님과 동행하는 삶이고, 하나님을 위해서 사는 삶을 말합니다. 오늘 본문은 경건의 삶을 구체적으로 말씀하고 있습니다.

1. 입이 선한 자

21절에 "입이 선한 자"가 경건한 자라고 했습니다. 입은 마음의 창문입니다. 입이 선하려면 마음이 선해야 합니다. 이상한 것은 마음이 선해도 입은 훈련이 되어야 선한 말을 할 수가 있습니다. 입의 훈련이 안 된 분들은 직선적으로 말을 해서 상대방의 마음을 아프게 만듭니다. 그래서 우리는 입의 훈련이 필요합니다.

훈련을 흔히 대화법이라고 부릅니다. 대화는 사랑의 표현입니다. 관심의 표현입니다. 인간은 관계적 존재이기 때문에 그 관계를 연결시키기 위해서는 항상 대화를 해야 합니다. 아름다운 대화, 열매 맺는 대화를 하기 위해서는 먼저 내 마음에 사랑이 있어야 가능합니다. 지금 우리 민족은 상대방을 배려하는 마음이 부족합니다. 배려하는 마음으로 대화를 할 때 입이 선해집니다.

2. 노하기를 더디함

32절에 보면 "노하기를 더디"하는 것이 경건한 삶이라고 했습니다. 그것은 바로 마음을 다스리는 것을 말합니다. 그래서 그 다음에 무엇이라고 했습니까? "자기의 마음을 다스리는 자는 성을 빼앗는 자보다 나으니라"고 했습니다. 내 밖에 있는 적도 무섭지만 사실은 내 안에 있는 적이 더 무섭습니다. 그러므로 우리는 자기의 마음을 다스리는 법을 배워야 합니다. 어떻게 그것이 가능할까요? 내가 내 마음을 다스리는 것이 아니라 주님이 다스리면 됩니다. 주님이 나의 왕이 되셔서 그가 다스리면 되는 것입니다.

3. 사람이 제비는 뽑으나 일을 작정하기는 여호와께

33절의 말씀처럼 "사람이 제비는 뽑으나 일을 작정하기는 여호와께 있느니라"고 믿고 주님께 내어맡기며 사는 것이 경건한 삶입니다. 인생을 살기가 힘든 것은 모든 것을 내가 하기 때문입니다. 그러나 일을 결정하는 것은 여호와 하나님이십니다. 믿습니까? 물론 내가 계획하고, 내가 일하지만, 그러나 그것을 성취하는 것은 하나님이십니다. 경건한 삶이란 바로 자신이 하나님의 도구인 것을 믿고, 그에게 맡기며 살아가는 것입니다.

경솔히 아니하여야 하리라

(행19:33-41)

본문 36절에 보면 "무엇이든지 경솔히 아니하여야 하리라"고 하였습니다. 성경에 보면 경솔함으로 인해서 하나님의 축복을 상실한 많은 사람들을 볼 수 있습니다.

경솔하다는 말의 원문의 뜻은 성급하다는 말과 같습니다.

1. 경솔하여 하나님의 축복을 상실한 경우

(1) 아브라함의 경솔한 실수

하나님께서 아들을 주시겠다고 하였으나 참고 기다리지 못하고 아내의 말을 듣고 하갈을 첩으로 맞아 이스마엘을 낳음으로 결국 오늘의 이스라엘과 팔레스틴의 대결의 구도를 만들고 만 경우가 있습니다.

(2) 팥죽 한 그릇에 장자 권 판에서의 경솔

에서가 경솔히 팥죽 한 그릇에 장자 권을 팔았습니다. (창25:34)

에서는 장자의 권을 경솔히 여겼습니다. 그 결과 동생에게 장자 권을 팥죽 한 그릇에 빼앗기는 불행을 맞게 된 것입니다.

(3) 사울 왕이 경솔하게 번제를 드림 (삼상13:13)

사울은 사무엘 선지자가 7일 동안을 기다리라고 명령을 하였는데 그것을 거역하였던 것입니다. 그는 인내하고 참지 못하다가 불행을 맞게 된 것입니다.

(4) 입다의 경솔한 서원기도

입다의 경솔한 서원기도의 경우입니다. (삿11:30-39)

암몬 자손과 전쟁을 하게 되었을 때에 사람을 번제로 드리는 것을 금지하였으나 입다는 이방의 풍습을 따라서 그를 영접하는 사람을 희생제물로 바치겠다는 경솔한 서원을 하였던 것입니다. 그로 인해 자기가 사랑하는 딸을 하나님께 바쳤던 것입니다.

2. 경솔하지 않으려면?

(1) 상식이나 이성보다 앞서지 말 것

상식보다 앞서 가지 않고, 이성보다 앞서 가지 않는 것입니다.

이성은 하나님께서 사람들에게 주신 중요한 삶의 표준입니다. 바울 당시에 에베소에 있는 유대인들은 마치 인민재판처럼 모여서 감정적으로 일을 해결하려고 하였습니다. 그러나 서기장이 바울의 문제를 군중들에 맡기지 않고 법적으로 해결하고, 질서 있게 해결하라고 하였던 것입니다.

(2) 기도보다 앞서 가지 말 것

대부분의 사람들은 결론을 내려놓고 그 후에 하나님께서 내 편이 되어 달라고 기도하는데 이것은 잘못된 태도입니다. 하나님이 결정하도록 할 때에 그것이 참 기도입니다. 예수님의 감람산에서의 기도가 바로 그런 기도의 대표적인 경우입니다. 아브라함의 실수도 기도보다 앞서 갔기 때문이고, 에서와 사울 왕은 아예 기도를 하지 않았습니다.

(3) 말씀보다 앞서 가지 말 것

시 119:105절에 보면 "주의 말씀은 내 발에 등이요, 내 길에 빛이니이다"라고 했습니다. 빛은 앞에 두고 따라가면 환할 뿐 아니라 그림자가 뒤에 생기기 때문에 어려움이 없습니다. 그러므로 영혼이 빛인 말씀 뒤를 따라야지 앞서 가서는 안 됩니다.

(4) 주님보다 앞서 가지 말 것

성급함이 일을 그르친다는 영미의 격언도 있습니다. 경솔함은 많은 문제를 일으킵니다. 그러므로 기도보다 앞서서는 안 되고, 말씀이나 주님보다 앞서 가서는 안 됩니다. 모든 것은 기도한 뒤에 결정하고, 오직 말씀과 주님의 발자취를 따라서 순종하여야 하는 것입니다.

고난을 받을 때에

(벧전4:12-19)

1. 고난의 여러 종류

(1) 자기 잘못으로 인해서 당하는 고난(15절).

참으로 부끄러운 고난입니다. 하나님 앞에서 회개할 것밖에 없습니다. 자기 잘못으로 당하는 고난도 분석을 해보면 알면서도 연약하여 어쩔 수 없이 당하는 고난이 있고 이해관계 때문에 죄를 범하여 당하는 고난이 있습니다. 어떤 경우든지 우리는 회개하고, 더욱 주님을 의지하여야 합니다.

(2) 그리스도 때문에 당하는 고난(14절).

전도하기 위해서 당하는 고난도 있고, 그리스도의 사랑을 전달하기 위해서 당하는 고난도 있고, 하나님의 공의를 실천하기 위해서 당하는 고난도 있습니다. 그런데 14절에 보면 그런 경우에는 '복이 있는 자로다'고 했습니다. 그런 경우에는 13절에 보면 오히려 "그리스도의 고난에 참예하는 것으로 즐거워하라"고 했습니다. 왜 그런가요? 상급이 보증되었기 때문입니다.

롬 8:17절에 "그와 함께 영광을 받기 위하여 고난도 함께 받아야 될 것이니라"고 하면서 그 다음 18절에는 "현재의 고난은 장차 우리에게 나타날 영광과 족히 비교할 수 없도다"고 했습니다. 그러므로 그리스도를 위해서 당하는 고난은 피하지 말기를 바랍니다. 물론 고난을 좇아갈 필요는 없습니다. 그러나 내 몫에 태인 십자가일 경우 피하지 않기를 바랍니다.

(3) 이유 모를 고난도 있음

죄를 지은 것도 아니고, 그렇다고 하나님께 큰 영광이 되는 것도 아닌 고난이 때때로 있습니다. 이것은 우리를 훈련하려는 하나님의 뜻이 있기 때문입니다. 그래서 히 2:10절에 보면 "고난으로 말미암아 온전케" 된다고 했습니다.

2. 고난으로 피해를 보지 말아야

고난을 당할 때에 중요한 것은 우리는 손해를 보지 말아야 합니다. 고난이 다 손해만 보는 것은 아니기 때문입니다

먼저 말씀과 기도를 통해서 고난의 이유를 깨달아야 하고, 다음에는 보다 더 강하고 튼튼한 신앙인이 되어야 합니다. 즉 뿌리가 깊어지고, 더 주님을 의지하고, 기도의 사람이 되는 것입니다. 사실 시험이 전혀 없으면 바람이 불 때 다 넘어지는 약한 사람이 되고 맙니다. 가뭄이 들 때에는 물을 빨아들이지 못해서 말라 버리고 맙니다.

고난은 누구에게나 옵니다. 그러나 이 고난이 왔을 때 우리는 그 이유를 깨닫고, 나의 죄로 인해 왔을 때에는 회개하고, 하나님의 뜻을 이루기 위해서 고난이 올 때에는 믿음으로 참고 견뎌야 합니다.

관계의 법칙

(출20:12-17)

1. 도입

(1) 인간은 관계적 존재

위로는 하나님과, 아래로는 사람들과, 주변에는 자연환경과 관계를 가지고 사는 관계적 존재입니다. 그래서 성경에는 '서로'란 말이 많이 나옵니다.

(2) 관계논리학과 관계분석

최근에는 관계에 대한 많은 연구가 생겼습니다. '관계논리학'과 '관계분석'이란 학문도 나왔습니다만 저는 그런 어려운 말을 하지 않고, 다만 생활에서의 관계를 중심으로 여러분들과 함께 은혜를 나누려고 합니다.

2. 본론

인간의 행복과 성공은 관계를 통해서 이루어집니다.

(1) 인간의 상호관계를 깨트리는 것은 무엇인가?

관계란 일방적이 아니고 상호적입니다. 예를 들어 노동자는 노동을 기여하고, 고용주는 임금을 줍니다. 똑같이 기여할 수는 없지만, 그러나 일방적일 때는 관계가 깨집니다. 최근에 노사관계가 나쁜 것은 일방적으로 나가려고 하기 때문입니다.

인간은 누구를 막론하고, 관계없이 살 수는 없습니다. 누구나 관계를 가지고 삽니다. 우리는 남편과 아내의 관계, 부모와 자식의 관계, 형제와 자매의 관계, 스승과 제자의 관계, 목사와 교인의 관계, 의사와 환자의 관계, 생산자와 소비자의 관계 등 다양한 관계 속에 존재합니다.

그래서 성경에는 '서로'란 교훈이 많습니다.

서로 사랑하라(요13:34, 15:12). 서로 돌아보라(고전12:25). 서로 용납하라(롬15:7). 서로 인자하게 하라(에 4:32). 서로 불쌍히 여기라(엡4:32). 서로 위로하라(살전4:18), 서로 봉사하라(벧전4:10). 서로 짐을 지라(갈6:2). 서로 접대하라(벧전4:9). 서로 기도하라(약5:16).

무엇이 이 관계를 깨트리나요?

첫째, 자기중심적인 관계를 가지는 경우(이기주의).

둘째, 타인을 무시하는 경우.

셋째, 외면 혹은 무관심

넷째, 모욕을 당했을 때

다섯째, 잔인함(신체적으로 혹은 심리적으로), 거절, 소외 혹은 냉담함, 배은, 질투와 시기등입니다.

(2) 인간관계를 좋게 만드는 길

첫째, 대응하는 것이 아니라 '용납'하는 것입니다.

둘째, 상대방의 '관심'을 끌려고 함(옷의 변화, 화장. 소리를 지름, 욕함).

셋째, '칭찬은 고래도 춤추게 한다.' 긍정적인 것을 강조, 잘한 일에 초점을 맞추고 과정을 칭찬합니다.

넷째, "내 탓이다"라고 먼저 고백, 한쪽은 결백하고, 다른 한쪽은 전적으로 잘못한 경우는 결코 존재하지 않습니다.

다섯째, 서로 존경하고 이해하고, 사랑해야 합니다.

맺는말

인간은 관계적 존재이기 때문에 관계의 법칙을 따라서 살아야 합니다. 출 20장은 바로 이 관계의 법칙을 요약한 것입니다. 바라기는 십계명을 옛날의 케케묵은 골동품으로 생각지 말고 오늘의 우리에게 주신 말씀으로 받아들여 바른 관계를 통해 행복해지고, 성공하기를 축원합니다.

교회다운 교회

(행13:1-3)

초대교회 때에 이방교회 중에서 가장 대표적인 교회가 바로 안디옥 교회였습니다.

1. 어떤 교회가 교회다운 교회인가?

크게 네 가지가 있어야 합니다.

(1) 선지자와 교사 같은 일꾼들이 많아야

먼저 안디옥 교회처럼 선지자들과 교사들 같은 일꾼들이 많이 있는 교회라야 합니다.

숫자가 많은 소위 대형교회를 말하는 것이 아닙니다. 재정이 넉넉한 교회도 아닙니다. 그렇다고 작은 교회를 말하는 것도 아닙니다. 주님의 일꾼이 많아야 참 교회입니다. 안디옥 교회는 본문에 있는 대로 일꾼들이 있는 교회였습니다. 일꾼이 있다는 말은 주님이 명하신 사명을 잘 감당하는 교회이기 때문에 중요합니다.

(2) 성령 은사를 받은 사람들이 섬기는 교회

우리는 어떤 은사든지 성령의 은사 없이는 주님의 일을 할 수 없는 것을 알고, 그 은사를 발견해서 개발해야 합니다. 은사보다 더 중요한 것은 그 은사를 가지고 자기의 왕국을 세우려 하는 것이 아니라 하나님의 교회를 굳게 세우는데 활용해야 합니다.

(3) 섬김과 금식하는 일에 힘쓰는 교회

교회에는 여러 가지 직분이 있습니다. 그리고 그것이 크든 작든 다 중요합니다. 자동차가 가려면 모든 부품들이 다 잘 작동을 해야 하는 것과 마찬가지입니다. 그것처럼 모든 구성원들이 섬기는 일, 즉 봉사의 직무를 잘 감당해야 합니다. 그러나 섬김을 받으려고 할 때에는 문제가 발생하는 것입니다.

때로는 금식을 하면 좋습니다. 개인적으로도 그렇고 교회적으로도 중요한 일을 앞두고 고비마다 금식을 하는 것이 필요할 수 있습니다. 안디옥 교회는 선교를 위하여 금식한 교회였습니다.

주의해야 할 것은 사람에게 보이려고 하지 말아야 합니다(마6:17). 금식은 하나님에게 보이는 것이지 사람에게 보이는 것이 아니기 때문입니다. 그러나 가족에게는 반드시 알려야 합니다. 그래야 만약의 경우 불상사에 잘 대응할 수 있기 때문입니다.

(4) 특별한 소명을 받은 사람들로 구성된 교회

본문에 보면 성령께서 '따로 세우라'고 하였습니다. 일반적 소명만으로는 부족합니다. 하나님께서 소명하시는 것은 사명자로 쓰시기 위해서 부르시는 특별한 소명이기 때문입니다. 그러므로 사명이 있는 교회가 쓰임을 받고, 사명이 있는 사람이 쓰임을 받는 것입니다. 그리고 그 사명(선교)을 감당하게 하시려고 부흥도 축복도 주시는 것입니다.

그러므로 교회다운 교회는 하나님의 부르심을 받고 그리고 보내심을 받은 선교적인 사명을 감당하는 교회를 말합니다. 본문에 보면 "두 사람에게 안수하며 보내니라"고 하였습니다. 오늘날 선교를 하고 선교사를 파송할 때에도 안디옥 교회에서처럼 교회의 부르심을 받고 교회를 통하여 보내심을 받아야 합니다. 선교사들 중에 교회의 파송 없이 스스로 선교사가 되는 경우가 많은데 이것은 잘못입니다. 영적인 허영입니다. 왜냐하면 선교사는 개인적으로 성령의 직접적인 부르심은 물론 교회의 부르심을 받아야 합니다.

　교회가 인정하지 않는 선교사라면 문제가 있다는 것입니다. 만약 교회가 인정하지 않는 미자격의 선교사라면 복음 장사꾼이 되고 종교 블로커가 될 위험성이 많습니다. 그리고 현지에서는 선교사들끼리 서로 협력하기가 어려운 문제가 생깁니다.

구원의 감사

(사12:1-6)

이사야 12장에는 감사와 구속받은 자들의 승리를 예언하고 있습니다.

1. 그 날이 어떤 날이며 또 언제인가?

1절과 4절에 반복해서 '그 날에'라고 했는데 찬양의 그 날이 어떤 날이며 또 언제인가? 찬양의 내용과 찬양의 이유는 무엇인가요?

'그 날에'란 말은 궁극적으로 천년 왕국, 혹은 천국에서의 날을 말합니다. 이것은 잠정적으로는 바벨론 포로에서 해방되었을 때에 체험을 하였습니다. 또 그 날은 예수 그리스도께서 이 땅에 오셔서 통치하실 때에 체험하게 될 기쁨이기도 합니다.

구약성경에는 "여호와의 날'이란 말이 많이 나옵니다. 중요한 것은 여호와의 날은 심판의 날이면서 구원의 날이란 점입니다. 즉 남은 자들에게는 구원의 날이지만 믿지 않는 자들에게는 심판의 날이 되기도 합니다.

2. 전에와 이제는

1절에 보면 '전에는', '이제는'라고 두 날을 비교하고 있습니다.

(1) '전에는'이란?

'전에는'이란 말은 언제를 말하나요?

"내게 노하셨으나"라고 한 것을 보면 나라를 잃고, 예루살렘의 성전은 무너지고, 바벨론에 포로로 잡혀갔던 때를 말합니다.

(2) '이제는'이란 말은

'이제는'이란 말은 언제를 말할까요? 그것은 포로로부터 고국으로 돌아와 해방되어 기쁨을 누리는 때와 또 종말론적으로는 주님이 오셔서 세상을 통치하실 때를 말합니다.

3. 구원 받은 백성의 고백은 어떠해야 하는가?

2절에 보면 이렇습니다.

(1) 하나님을 노래

"나의 구원", "나의 힘", "나의 노래"라고 노래합니다. 노래는 기쁨과 구원을 받았을 때 있게 되는 반응입니다.

(2) "내가 의뢰하고"(2절).

(3) "두려움이 없으리니"(2절)라고 하였고

(4) 결론은 3절에 나옴

"기쁨으로", "구원의 우물들에서 물을 기르리로다." 여기서 우물을 기른다는 말은 무슨 뜻인가요? 이것은 물이 부족한 중동지역의 환경 속에서 이해해야 합니다. 하나님의 축복과 은총을 말하며 그것을 기뻐하며 노래한다는 뜻입니다.

4절에 보면 '그날에'라고 하면서 메시아 왕국이 임했을 때에 우리가 해야 할 것을 말씀합니다.

① "여호와께 감사하라"

② "그 이름을 부르며"

③ "그 행하심을 만국 중에 선포하며"

④ "그 이름을 높다 하라"(하나님을 찬양하며 영광 돌리는 것을 말함)

5절에 보면 왜 찬송해야 하는가를 말씀하고 있습니다.

"극히 아름다운 일을 하셨음이니." 그러면 아름다운 일은 무엇인가요? 그리스도의 행하신 모든 일, 특히 십자가에서 우리를 위하여 죽으신 일을 말합니다.

그러면 우리는 무엇을 해야 할까요?

"온 세계에 알게 할지어다"라고 했습니다. 널리 선포하라는 뜻입니다.

6절에 보면 하나님을 소리 높여 불러야 할 이유를 다시 설명합니다. "이스라엘의 거룩하신 자가 너희 중에서 크심이니라"(6절)고 했습니다.

왜 하나님을 크시다고 했나요?

그의 사랑, 권능, 지혜, 위엄, 영광이 크시다는 뜻입니다.

그 명대로 대언하였더니

(겔37:7-10)

1. 그 명대로 대언하였더니

오늘의 제목인 '그 명대로 대언하였더니'란 말씀은 우리에게는 대언자로서의 사명이 있다는 것을 말씀해줍니다.

7절에도 "이에 내가 명을 좇아 대언하니"라고 했고, 9절에서 다시 "너는 생기를 향하여 대언하라"는 말씀이 나옵니다.

2. 대언이란 무엇인가?

원문의 뜻을 보면 대언이란 '예언'을 뜻하는 말입니다. 솔직히 우리는 예언자가 아닙니다. 될 수도 없습니다. 예언한다는 사람이 있다면 그는 이단입니다. 그러나 이 대언 혹은 예언이란 말은 '하나님을 대신해서 말하다'라는 뜻입니다. 물론 하나님을 대신해서 성경에도 없는 말을 한다면 그것은 이단입니다. 그러나 넓은 의미에서 우리들도 성경에 기록된 예언들을 대언할 수 있습니다. 아니 대언해야 합니다. 그래야 개인도 살고, 교회도 살고, 가정도 살고, 민족도 삽니다. 성령의 역사가 일어나야 모든 것이 살아나는데 그것은 그냥 되는 것이 아니라 말씀을 선포할 때, 말씀을 가르칠 때 일어납니다. 그것이 바로 대언입니다.

대언은 설교와 가르침 등 두 가지 형태로 나타납니다. 그러므로 설교자와 교사의 역할이 대단히 중요합니다.

3. 대언의 결과는?

먼저 7절에 보니까 "소리가 나서 움직이더니"라고 했습니다. 하나님의 말씀이 대언되면 소리가 나면서 움직인다고 했습니다. 무슨 소리가 날까요? 기도의 소리가 나고, 찬송 소리가 나고, 통회자복의 소리가 나고, 전도와 선교의 소리가 나면서 모든 것이 움직이기 시작합니다.

10절에는 대언의 결과가 놀랍게 나옵니다. "이에 내가 그 명대로 대언하였더니 생기가 그들에게 들어가매 그들이 곧 살아 일어나서 서는데 극히 큰 군대더라." 생기가 들어가야 살아나는데 그것은 바로 성령의 역사를 말씀한 것입니다. 하나님께서 후하고 아담의 코에 생기를 불어넣듯이 성령을 우리들에게 불어넣어야 합니다. 그런데 성령의 역사는 '말씀과 함께', '말씀 속에서', '말씀을 통하여'서만 역사합니다. 말씀을 떠난 성령의 역사는 일어나지 않습니다. 혹 말씀을 떠난 성령의 역사를 말한다면 그것은 이단입니다. 사도행전 2장의 오순절 때의 경우를 보아도 말씀을 듣는 모든 사람들에게 성령의 충만이 임하였다고 했습니다. 행 10:44절에 "베드로가 이 말할 때에 성령이 말씀을 듣는 모든 사람에게 내려오시니"라고 했습니다.

중요한 것은 그 명대로 대언하는 것으로 그 명대로 대언한다는 말은

(1) 믿음

하나님의 그 명을 받아들였다, 믿었다는 뜻이요

(2) 순종

하나님의 명에 순종하였다는 뜻이요

(3) 말씀 받아들임

말씀에 가감하지 않고 그대로 받아들였다는 뜻입니다.

요한 계시록 22:18-19절에 보면 하나님의 말씀에 더하면 재앙들을

더할 것이고, 제하여 버리면 거룩한 성에 참여함을 제하여 버리겠다는 경고가 나옵니다. 그러므로 하나님의 말씀에 가감이 있어서는 절대 안 됩니다.

그 황무한 땅이 장차 기경이 될지라

(겔36:33-36)

오늘의 말씀은 현실적인 진단과 함께 소망을 주는 말씀입니다. 먼저 현실적인 진단을 하고 있습니다.

1. 세상은 황무한 땅

지금 이 세상은 황무한 땅이라는 것을 직시해야 합니다. 인간이 보기에는 문화가 발달하고, 전보다 윤택하여졌다고 볼 수 있습니다. 사실 과거 우리의 생활과 오늘날을 비교해 보면 정말 모든 것이 풍성합니다. 그러나 그것은 외형적으로 본 것입니다. 물질적으로 보면 많이 발전하고 있습니다.

그러나 역사가인 토인비는 역사를 세밀하게 연구한 후에 지금 세상은 몰락의 길을 걷고 있다고 발표했습니다. 그런데 오늘 본문에 보면 하나님께서 에스겔을 통해서 세상이 황무하다고 말씀한 후에 그러나 그 황무한 땅이 기경하게 될 것이라고 약속했습니다.

세상에 무엇이 황무한 것입니까?

(1) 공의가 사라짐

정직과 공의가 사라지고, 죄악이 관영하였다는 뜻입니다.

(2) 신뢰가 사라짐

믿음과 신뢰가 사라지고, 우상으로 가득 찬 세상이 되었다는 말입니다.

(3) 미움과 질투로 가득함

사랑과 협력이 사라지고, 미움과 시기와 질투로 가득 찬 세상이 되었다는 말입니다.

(4) 욕심과 부패로 빈곤해짐

인간의 욕심과 부패로 세상은 식량과 에너지와 자원이 부족하게 되었다는 말입니다.

2. 황무지가 소낙비로 옥토로 기경

그러나 놀라운 것은 이 황무한 땅이 소낙비와 함께 새롭게 기경되어질 것이라고 했습니다. 겔 36장 34절이 바로 그 약속입니다.

"전에는 지나가는 자의 눈에 황무하게 보이던 그 황무한 땅이 장차 기경이 될지라."

어떻게 황무한 땅이 경작된 비옥한 땅이 될 수 있나요? 솔직히 우리 눈에는 불가능해 보이고 절망적이지만, 그러나 궁극적으로 보혜사 성령께서 임하여 우리의 심령을 새롭게 하여 주실 것입니다. 더러운 쓰레기 같은 불의와 죄악들은 기도의 불로 타버리고, 하늘로부터 내리는 은혜의 단비로 이 땅은 새로워질 것입니다. '길가 밭'은 성령의 보습으로 갈아버리고, '돌밭'은 말씀의 다이너마이트로 폭발시키고, '가시밭'은 기도의 불로 태워버리는 역사가 일어난다는 말씀입니다.

그래서 에덴동산처럼 이 땅에는 사랑과 믿음과 소망의 나무들을 심게 될 것입니다.

3. 황무한 땅이 기경되는 비결은?

(1) '회개의 기도와 눈물의 기도가 있어야

기도는 모든 것을 새롭게 시작하는 원동력이 되기 때문입니다.

(2) 하나님의 뜻을 깨달아야

다음에는 말씀의 연구를 통해서 하나님의 뜻을 깨달아야 합니다.

(3) 제자가 되어 순종해야

마지막으로 우리 모두가 주님의 제자가 되어 순종하는 것입니다.

그렇게 되면 주님께서 우리의 심령을 옥토로 만들어 아름다운 열매를 맺는 복이 임하게 될 것입니다.

그 후에 본즉

(전2:1-11)

오늘의 요절은 11절입니다. "그 후에 본즉 일과 수고한 모든 수고가 다 헛되어 바람을 잡으려는 것이며 해 아래서 무익한 것이로다."

세상일이란 참 이상합니다. 당시에는 좋게 보였는데 그 후에 보면 좋지 않은 것을 보게 됩니다. 당시에는 옳다고 생각했는데 지나고 보면 잘못된 것을 보게 된다는 말입니다. 그래서 항상 지나고 나서야 정말 알 수 있습니다. 사람도 그렇습니다. 처음에는 좋은 사람이라고 보았는데 그 후에 보면 나쁜 사람도 있더라는 말입니다.

1. 처음은 좋게 보았지만

본문에서는 당시에는 좋은 것이라고 생각했는데 그 후에 보니 허무한 것이 4가지가 있다고 했습니다.

(1) 허무한 세상 낙

'세상의 낙'을 누리는 것이 허무하다는 것입니다.

1-2절에 "너를 즐겁게 하리니 너는 낙을 누리라 하였으나 본즉 이것도 헛되도다."

왜 낙을 누리는 것이 헛되다고 했습니까?

세상에서의 낙을 다 버리라는 것일까요? 아닙니다. 문제는 세상의 낙이란 잠정적이고, 또 그 낙 속에는 유혹이 있고, 괴로움이 있기 때문입니다. 그러므로 그 낙을 위해서 인생을 바치고, 시간을 보내고, 더 중요한 것을 버리는 어리석음을 범하지 말라는 것입니다.

(2) 사업을 크게 하였지만

4절에 "나의 사업을 크게 하였노라 내가 나를 위하여 집들을 지으며 포도원을 심으며"라고 했습니다.

솔로몬은 집들을 짓고 포도원을 가졌지만 그 후에 보니 그 사람은 죽고, 결국 남의 소유물이 되고, 자기 것이라고 해도 결국 다 사라지고 마는 것을 솔로몬은 경험한 것입니다.

(3) 노비와 양떼가 많아도 다 헛된 것

7절에 "노비는 사기도 하였고 집에서 낳게도 하였으며 나보다 먼저 예루살렘에 있던 모든 자보다도 소와 양떼의 소유를 많게 하였으며"라고 했습니다.

솔로몬은 노비를 많이 소유하고, 양 떼를 많이 가져보았지만 이것도 그 후에 보니 허무한 것을 깨달은 것입니다. 가진다는 것은 좋기도 하지만 항상 책임이 따르기 때문에 그것도 고통스러운 것입니다.

(4) 모든 일과 수고와 보배가 다 헛된 바람 잡기

8절에 "은금과 왕들의 보배와 여러 도의 보배를 쌓고 또 노래하는 남녀와 인생들의 기뻐하는 처와 첩들을 많이 두었노라"라고 했습니다.

솔로몬은 보배를 쌓아도 보고, 처와 첩들을 많이 두어도 보았으나 그것도 그 후에 본즉 허무하였다는 것입니다. 그래서 솔로몬은 11절에서 이렇게 결론을 내렸습니다.

"그 후에 본즉 내 손으로 한 모든 일과 수고한 모든 수고가 다 헛되어 바람을 잡으려는 것이며 해 아래서 무익한 것이로다."

여기서 중요한 것은 '무익한 것'이란 말입니다. 인간은 항상 유익을 구합니다. 그러나 문제는 유익하다고 생각한 것이 세월이 지나고 나면 무익한 것임을 깨닫게 될 때 그때에 후회하지만 소용이 없습니다.

그러므로 유익을 중심으로 사는 것보다는 하나님의 뜻을 따라 사는 사람이 행복하고 후회 없는 삶이 된다는 교훈입니다.

그가 없이는

(요1:1-5)

　현대인의 문제점은 자기가 원하면 무엇이나 다 할 수 있다는 착각입니다. 그러나 오늘의 본문 3절에 보면 "하나도 그가 없이는 된 것이 없느니라"고 했습니다. 역사의 주인공은 인간이 아니라 바로 주님이라는 것을 말씀한 것입니다.

1. 주님이 주시는 네 가지 축복

（1）그가 없이는

　그가 없이는 아무도 하나님과 함께할 수가 없다고 했습니다.

　모든 것은 다 하나님이 함께하실 때 이루어집니다. 2절에 보면 "그가 태초에 하나님과 함께 계셨고"라고 했습니다. 하나님과 함께하는 것이 축복입니다.

　하나님과 함께하지 않으면 사탄이 우리들을 유혹하여 불행의 구렁텅이로 끌고 갑니다.

（2）창조의 하나님

　그가 없이는 아무 것도 창조될 수가 없습니다.

　3절에 "만물이 그로 말미암아 지은 바 되었으니 지은 것이 하나도 그가 없이는 된 것이 없느니라"고 했습니다.

　하나님은 창조의 하나님이십니다. 태초에 하늘과 땅을 창조하시고,

우리의 필요한 모든 것을 창조하셨습니다. 그리고 지금도 하나님의 창조는 계속됩니다. 그것은 외적인 것이 아니라 내적인 창조를 하신다는 것입니다.

(3) 그가 없이는 참 생명이 없음

인간이 할 수 있는 것은 모양과 형태뿐입니다. 4절에 "그 안에 생명이 있었으니"라고 했습니다. 예수님 안에 있는 참 생명이란 영생을 의미합니다. 인간은 선악과를 따먹고 하나님에게서 분리됨으로 인해서 참 생명을 상실하였습니다. 그러나 예수님이 오셔서 하나님과 분리되었던 생명선을 연결하였습니다.

이제는 믿기만 하면 주님 안에서 참 생명을 얻을 수 있습니다. 우리는 그것을 영생이라고 부릅니다. 바울은 구원이라고 불렀습니다.

(4) 그가 없이는 참 빛이 없음

빛은 모든 생명의 근원이 됩니다. 그런데 요한복음에서 예수님을 빛이라고 했을 때 그것은 영적 의미와 도덕적 의미를 가지고 있습니다. 예수님을 빛이라고 했을 때 이 말은 첫째 예수님이 생명의 근원이 된다는 뜻입니다.

둘째 예수님이 없이는 어두움뿐이기에 예수님이 있을 때 비로소 모든 것이 조화를 이루고, 밝아지고, 살아서 움직이고, 모든 불의가 떠난다는 말씀입니다.

2. 어떻게 네 가지 선물을 받을 수 있나?

(1) 먼저 말씀을 듣고, 깨달아야

종교에 있어서 깨달음은 모든 것의 시작입니다. 5절에 "빛이 어두움에 비취되 어두움이 깨닫지 못하더라"고 했습니다. 깨달음이 없으면 진리를 볼 수가 없고 변화가 없습니다.

(2) 믿어야

12절에 "영접하는 자 곧 그 이름을 믿는 자들에게는 하나님의 자녀가 되는 권세를 주셨으니"라고 했습니다. 기독교는 믿음의 종교입니다. 믿는 대로 됩니다.

그러면 믿음이 무엇입니까? 네 가지로 정의할 수 있습니다.

첫째 믿음은 예수님을 꼭 붙잡는 것입니다.

둘째 액면 그대로 말씀을 받아들이는 것입니다.

셋째 주님께 온전히 내어 맡기는 것입니다.

넷째 그 말씀에 순종하는 것이 믿음입니다.

(3) 주시는 은혜를 믿음으로 받으면 됨

16절에 "우리가 다 그의 충만한 데서 받으니 은혜 위에 은혜러라"고 했습니다.

세상에서 좋은 것은 다 예수님 없이는 받을 수도 없고, 소유할 수도 없기 때문에 되는 것이 없습니다. 예수님은 모든 것의 모든 것이 되십니다. 따라서 어떤 문제도 예수님만 있으면 다 해결되고, 세상의 모든 것이 예수님만 있으면 다 성취할 수가 있습니다. 그러므로 그가 없이는 아무것도 할 수 없고, 아무 의미도 없다는 것을 깨달아야 합니다.

그래도 구해야 할지라

(겔36:37-38)

본문은 우리의 현실을 보신 하나님께서 우리들에게 기도의 필요성을 말씀한 것입니다. 다른 것으로는 안 되고 오직 기도뿐이라고 말씀한 것입니다.

하나님께서는 이스라엘에게 필요한 것이 무엇인지 아실뿐 아니라 주시려고 준비를 다 하고 있다고 하였습니다. 그러나 하나님이 준비하신 것을 주시는 조건은 이스라엘이 구하는 것이라고 하였습니다.

본문에서 얻을 교훈은 하나님이 다 아시니까 알아서 해결해 주시겠지 그리고 저절로 해결되겠지 라고 하는 게으르고 악한 생각을 버려야 한다는 것입니다. 하나님께 구하는 수고와 노력도 안 한다면 그 사람은 하나님께 받을 자격이 없는 사람입니다.

1. 주님께서 구하라, 찾으라, 문을 두드리라고 하심

꼭 필요한 것이 우리에게 없는데도 그냥 살고 있기 때문에 구하라고 했습니다. 분실하였는데도 모르고 있기 때문에 찾으라고 한 것입니다. 닫혀져 황무한 상태로 살고 있기 때문에 문을 두드리라고 했습니다.

우리는 기도의 문이 열려야 하고, 축복의 문이 열려야 하고, 시온의 문이 열려야 합니다. 그것은 바로 기도를 통해서 이루어집니다.

2. 기도하면 일어나는 역사

기도하면 무엇보다도 닫힌 문도 열리는 능력이 나타나고, 불가능하게 보이는 산도 옮기는 이적이 일어납니다. 하나님과의 교통이 이루어지고, 천국 창고가 열리는 역사가 일어납니다. 기도하면 모든 근심, 걱정, 염려가 다 해결되는 역사가 일어납니다. 문제는 우리가 기도하지 않기 때문입니다.

3. 어떻게 기도를 해야 하나?

정성으로 간절히 기도해야 하고, 진심으로 기도해야 합니다. 때로는 눈물로 기도해야 합니다. 가장 중요한 것은 기도한 것은 반드시 성취된다는 믿음으로 기도해야 합니다. 반신반의하면서 기도하는 것은 시간의 낭비일 뿐입니다. 혹시 하나님의 침묵하심으로 낙심하였을지라도 그럼에도 불구하고 기도 외에는 방법이 없습니다. 본문은 '그래도 기도해야 할지라'고 하였습니다.

그러나 학대를 받을수록

(출1:1-14)

출애굽기는 창세기의 끝난 마지막 부분에서 시작하고 있습니다. 출애
굽기는 이스라엘이란 나라가 어떻게 형성되었는가를 기록한 중요한 책
입니다.

1. 아브라함에게 세운 언약

창 17:7절에 보면 하나님께서 아브라함에게 언약을 세운 것이 나옵
니다. "내가 내 언약을 나와 너와 네 대대 후손의 사이에 세워서 영원한
언약을 삼고 너와 네 후손의 하나님이 되리라." 언약의 내용은 창 12:2
절에 나옵니다.

"내가 너로 큰 민족을 이루고 네게 복을 주어 내 이름을 창대케 하리
니 너는 복의 근원이 될지라."

그 약속이 구체적으로 성취된 것을 7절에서 볼 수 있습니다. "이스라
엘 자손은 생육이 중다하고 번식하고 창성하고 심히 강대하여 온 땅에
가득하게 되었더라." 그런데 본래 시작은 출 1:5절에 보면 "모두 칠십인
이었더라"고 했습니다. 그리고 "온 땅에 가득하게 되었더라"고 했습니다.
이것은 언약의 성취를 말합니다.

요셉과 모세의 역사적 간격은 1:6-7절의 두 절로 요약되어 있습니다.
이처럼 하나님의 언약은 반드시 성취됩니다.

2. 애굽에서 이스라엘 사람들의 직업

초기에는 고센 땅에서 목축업을 하였습니다. 창 47:3절에 보면 "바로가 요셉의 형들에게 묻되 너희 생업이 무엇이냐? 그들이 바로에게 대답하되 종들은 목자이온데 우리와 선조가 다 그러하니이다 하고"라 하였습니다.

그러나 요셉을 알지 못하는 새 왕이 다스린 이후에는 노예와 종처럼 일하게 되었습니다. 출 1:14절에 보면 "고역으로 그들의 생활을 괴롭게 하니 곧 흙 이기기와 벽돌 굽기와 농사의 여러 가지 일이라 그 시키는 역사가 다 엄하였더라"고 하였습니다.

3. 말씀이 출애굽기 어디에 성취되고 있나?

창 46:3절의 말씀이 출애굽기 어디에 성취되고 있습니까?

중다하고 강대한 민족이 되었습니다. 출 1:7절에 보면 "이스라엘 자손은 생육이 중다하고 번식하고 창성하고 심히 강대하여 온 땅에 가득하게 되었더라"고 하였습니다.

4. 이스라엘에 대한 애굽인들의 태도 변화

처음에는 고센 땅에서 목축업을 하게 하였습니다. 창 47:5-6절에 보면 "바로가 요셉에게 일러 가로되 네 아비와 형들이 네게 왔은즉 애굽 땅이 네 앞에 있으니 땅의 좋은 곳에 네 아비와 형들로 거하게 하되 고센 땅에 그들로 거하게 하고 그들 중에 능한 자가 있는 줄 알거든 그들로 나의 짐승을 주관하게 하라"고 하였습니다.

그러나 요셉을 알지 못하는 새 왕은 예전과 같이 요셉과 이스라엘을 대접하지 않고 오히려 경계하게 되었습니다. 출 1:8절에 보면 "요셉을 알지 못하는 새 왕이 일어나서 애굽을 다스리더니"라고 기록하고 있습니다.

5. 애굽인들이 이스라엘 사람을 두려워하게 된 이유

숫자와 강대함, 만약의 경우 전쟁이 일어났을 때를 대비하기 힘들기 때문이었습니다. 출 1:9-10절에 "그가 그 신민에게 이르되 이 백성 이스라엘 자손이 우리보다 많고 강하도다 자 우리가 그들에게 대하여 지혜롭게 하자 두렵건대 그들이 더 많게 되면 전쟁이 일어날 때에 우리 대적과 합하여 우리와 싸우고 이 땅에서 갈까 하노라 하고"라고 하였습니다.

6. 애굽인들이 유대인들의 번식을 제한하지 못한 이유

하나님의 언약과 축복 때문입니다. 창 12:2절에 "내가 너로 큰 민족을 이루고 네게 복을 주어 네 이름을 창대케 하리니 너는 복의 근원이 될지라"고 하였습니다. 하나님은 언약을 어길 수 없으신 분이시기도 합니다. 그래서 민 23:19절에 보면 "하나님은 인생이 아니시니 식언치 않으시고 인자가 아니시니 후회가 없으시도다 어찌 그 말씀하신 바를 행치 않으시며 하신 말씀을 실행치 않으시랴"고 하였습니다.

7. 이스라엘이 받은 온갖 학대

이스라엘은 심하게 학대를 받았습니다. 출 1:13-14절에 보면 "이스라엘 자손의 역사를 엄하게 하여 고역으로 그들의 생활을 괴롭게 하니 곧 흙 이기기와 벽돌 굽기와 농사의 여러 가지 일이라 그 시키는 역사가 다 엄하였더라"고 하였습니다. 그러나 이스라엘 사람들이 더욱 번창한 것은 하나님의 언약과 그의 권능 때문입니다.

그리스도의 마음을 품자

(빌2:1-11)

바울은 빌립보 교회가 사랑도 있고, 열심도 있으나 불화가 있다는 소식을 듣고 그들에게 사랑의 공동체가 될 것을 권면하였습니다.

1. 교회의 일치를 어떻게 이룰 수 있는가?

교회는 일치를 이루어야 합니다만, 그러나 사람들이 모인 곳이 되어서인지 쉽지 않은 것이 현실입니다.

(1) 그리스도를 중심으로 같은 마음을 품어야

자기를 중심으로 하면 절대로 하나를 이룰 수 없습니다. 다음으로 중요한 것은 마음의 상태입니다. 같은 말이라도 마음에 따라 듣는 사람의 반응이 정반대가 될 수도 있기 때문입니다.

(2) 남을 나보다 낫게 여기는 마음을 가져야

각각 자기보다 남을 낫게 여기고 돕는 마음을 가져야 합니다.

이기심이나 허영심을 버리고, 남을 존중하여 자기 일에만 골몰하지 말고, 남의 일도 돌보아 주어야 합니다. 중요한 것은 돕는 마음을 가져야 합니다. 그것이 일치를 이루는 비결입니다.

(3) 겸손한 마음을 가져야

하나 되는 가장 근본적인 방법은 겸손한 마음을 가지는 것입니다.

그것은 바로 예수님의 마음을 갖는 것입니다. 자기의 높은 자리에서 내려와야 합니다. 비행기를 타면 지상에 있는 것이 보이지 않습니다. 구름 때문에 안 보이고, 구름이 없어도 사람들은 보이지 않습니다. 그런데 재미있는 사실은 자가용을 탈 때와 버스를 탈 때와 걸어다닐 때에 보이는 것이 전혀 다르다는 것을 발견했습니다. 그러므로 남들이 있는 자리로 내려와야 보입니다.

(4) 주님 이름 앞에 무릎을 꿇어야

모든 이름 위에 뛰어난 이름 앞에 모두가 무릎을 꿇어야 합니다.

예수님의 이름은 가장 높고 위대한 이름입니다. 그 이름 앞에 무릎을 꿇어야 서로 일치를 이룰 수 있습니다.

2. 자기를 비우고 낮추어야

7절에 "자기를 비어"라는 말은 자기 비하라고 부릅니다.

그 뜻은 무엇인가요?

이것은 예수님께서 자신의 신적 권위를 스스로 버리시고, 인성을 취하사, 자신을 낮추신 것을 두고 하는 말입니다. 우리들도 예수님처럼 스스로 자신을 낮출 때 일치를 이룰 수 있는 것입니다.

3. 우리는 어떻게 살아야 하는가?

(1) 주님의 마음을 품어야

주님의 마음은 기득권을 포기하는 희생의 마음입니다. 그리고 종의 형체를 가지는 낮은 마음입니다.

(2) 깨끗한 마음

구체적으로 주님의 마음을 품는다는 것은 무엇을 말하는가?

무엇보다도 깨끗한 마음입니다. 나보다 남을 낮게 여기는 겸손한 마음입니다(3절). 남을 돌보는 사랑의 마음입니다(4절). 놀라운 것은 이것이 바울의 마음을 즐겁게 하고, 주님의 마음을 즐겁게 하는 비결이 됩니다.

(3) 무릎을 예수의 이름에 꿇게 하시고

10-11절에 오늘의 말씀의 결론이 나옵니다.

"모든 무릎을 예수의 이름에 꿇게 하시고, 모든 입으로 예수 그리스도를 주라 시인하여, 하나님 아버지께 영광을 돌리게 하셨느니라."

그리스도의 우월성

(골1:15-23)

종교에서 중요한 것은 그 종교의 창시자가 믿을 만한 사람인가 아닌 가에 달려 있습니다. 이슬람교가 번성하고 있으나 마호메트는 장사꾼이 었고, 여러 첩을 거느리고 살던 사람입니다. 그러므로 천하 없는 아름 다운 말을 해도 그는 장사꾼 그 이상은 아닙니다.

불교도 그렇습니다. 석가모니가 아무리 깨달았다 해도 그는 작은 나 라의 한 왕자에 불과합니다. 그런 점에서 우리는 우리가 믿는 기독교의 창시자인 예수님에 대해서 깊이 알아야 합니다.

1. 하나님의 형상(15절)

우리 인간은 다 하나님의 형상대로 지음을 받은 존재들입니다. 그래 서 넓은 의미에서 우리도 다 하나님의 형상이라고 할 수 있습니다. 그 러나 우리 안에 있는 하나님의 형상은 깨어지고 파괴되었습니다. 그러 나 주님 안에 있는 하나님의 형상은 처음 아담의 형상보다 더 오리지널 한 형상입니다. 아담은 카피일 뿐이었습니다. 그래서 예수님은 하나님 의 얼굴입니다. 예수님을 본 자는 하나님을 본 자입니다.

그런 면에서 예수님은 세상의 어떤 사람과 비교할 수 없는 완전한 사 람이셨습니다.

2. 만물이 그에게 창조됨(16절).

예수님은 완전한 사람이었을 뿐 아니라 그는 또한 하나님 아버지와 성령과 더불어 세상을 창조한 창조주이시기도 합니다. 그러므로 기독교가 다른 종교와 다를 수밖에 없습니다. 다른 종교는 다 인간이 만든 인조 종교요, 엄밀하게 말해 우상입니다.

그러나 기독교는 창조자이신 주님께서 만드신 하나님종교와 참 종교입니다. 그러므로 피조물인 우리 인간이 창조자이신 예수님을 하나님으로 섬기는 것은 당연합니다.

3. 교회의 머리(18절)

이것은 다른 말로 하면 교회는 주님의 지체란 뜻입니다. 따라서 우리는 머리 되신 주님의 뜻을 이 땅에 이루어야 합니다. 우리들은 하나님의 뜻을 이 땅에 이루는 도구요 지체인 것입니다.

4. 모든 충만으로 예수 안에 거하게 하심(19절).

예수님은 모든 충만으로 가득 찬 분이십니다. 따라서 모든 것은 예수님 안에 다 있습니다. 은혜도 예수님 안에 있고, 축복도 예수님 안에 있고, 평화도 예수님 안에 다 있습니다. 그러므로 우리는 다른 데 가서 찾을 필요가 없습니다. 모든 것이 다 주님 안에 충만하게 있기 때문입니다. 따라서 예수님은 행복의 열쇠입니다.

5. 그의 십자가의 피로 화평을 이루심(20절).

인간이 추구하는 욕구의 하나는 바로 화평입니다. 마음의 평안, 가정의 화평, 사회의 평화입니다. 이런 것이 다 예수님의 십자가로 말미암아 성취되었습니다.

그리스도의 편지

(고후3:1-11)

1. 나의 정체성은 그리스도의 편지

인간에게 중요한 것은 나의 정체성을 바로 아는 것입니다. 그런데 오늘의 본문에 보면 "너희는…. 그리스도의 편지니"라고 했습니다. 우리의 정체성을 그리스도의 편지라고 했습니다. 다시 말하면 그리스도의 뜻을 전달하는 자라는 뜻입니다.

2. 편지의 구성요소

(1) 적어도 세 가지는 분명해야

먼저 편지에는 수신인에게 분명히 전달해야 하고, 다음에는 발신자의 이름이 분명히 밝혀져야 하고, 끝으로 전달할 메시지의 내용이 분명해야 합니다.

그러면 발신인은 누구입니까? 바로 예수님이십니다. 다음으로 수신인은 누구입니까? 세상 사람들입니다. 그리고 우리가 전달할 메시지는 무엇입니까? 주님의 향기를 날림으로 주님이 오신 목적을 이 세상에 알려야 하는 것입니다.

예수님을 왕으로 모셔 그의 통치를 받음으로 참 행복이 각 심령에게 임하고, 그의 뜻을 성취함으로 하나님께 영광을 돌리고, 이 땅에서 영생의 기쁨을 누리며 사는 것을 전달해야 합니다.

(2) 예수 믿는 사람들 때문에

그런데 지금 예수 믿는 사람들 때문에 교회를 떠나는 경우가 많습니다. 대표적 예가 간디입니다. 그는 예수님의 산상설교를 가장 좋아했고, 그대로 살려고 했습니다. 그의 '싸티아그라하'운동, 무저항운동은 바로 산상설교의 말씀에서 온 것입니다. 그러나 당시 믿는다는 영국인들의 모습은 간디가 싫어하는 그런 착취자의 모습이었습니다. 그래서 그는 기독교를 싫어했습니다.

죄송한 것은 우리 교회도 어느 누가 보기 싫어 못 오겠다는 사람들이 있다는 점입니다. 그러면 그리스도의 편지로서 우리가 조심해야 할 것은 무엇인가?

첫째, 예수님을 가리지 말아야 합니다. 내가 나타나면 주님이 숨겨지게 됩니다. 우리의 소리가 크면 예수님의 음성이 안 들리게 됩니다.

둘째, 메시지는 항상 분명해야 합니다.

셋째, 메시지는 변질되지 말아야 합니다.

넷째, 메시지는 수신자에게 정확하게 전달되어야 합니다.

다섯째, 궁극적으로 발신자의 뜻이 이루어져야 합니다.

맺는말

오늘도 그리스도의 편지로서의 사명을 우리는 감당하고 있습니까? 혹여나 편지를 땅에 묻어두고 있지는 않습니까? 바라기는 오늘도 집배원으로서 우리는 각 심령들에게 전달되는 편지의 역할을 잘 감당할 수 있기를 축원합니다.

그리하면 얻으리라

(요21:1-14)

본문을 자세히 읽어보면 부활의 주님을 만난 제자들 중에 핵심 멤버들인 베드로와 요한 등이 고기를 잡으러 바다로 갔다는 기록이 나옵니다.

1. 베드로가 갈릴리 바다로 고기 잡으러 간 이유

(1) 옛 직업으로 돌아간 것이 아님

다시 옛날의 직업으로 돌아간 것을 뜻하는 것은 아닙니다.

왜냐하면 베드로가 부활의 주님을 만난 뒤이기 때문입니다.

(2) 제자들에게 먹일 것을 구하기 위해

부활의 주님께서 제자들에게 명령하시기까지 기다리면서 먹을 것을 구하기 위해서 간 것입니다.

다른 제자들과 함께 교제도 하며 당장 먹을 것을 준비도 하려고 고기를 잡으러 갔던 것입니다.

(3) 갈릴리에서 만나자는 주님 말씀 때문

제1의 소명장소가 갈릴리이듯 제2의 소명장소도 갈릴리이기 때문에 간 것입니다.

이것은 마 28:10절에 예언하셨기 때문입니다. "갈릴리로 가라 하라. 거기서 나를 보리라." 갈릴리에서 만나겠다고 주님께서 말씀하셨기 때문입니다.

2. 예수님께서 또 다시 제자들을 바다에서 만나주심

(1) 부활을 증명하기 위해서

부활이 역사적 사실 임을 증명하기 위해서였습니다. 한 번 만나는 것은 환상이 될 수도 있습니다. 그래서 본문에 보면 세 번째 부활의 주님께서 제자들을 만나주신 것이라고 그 횟수를 강조한 것은 예수님의 부활이 환상이나 우연이 아니라 예언의 성취라는 것을 증명하기 위해서였습니다.

(2) 부활의 주님은 영체임을 보여주기 위해

부활의 주님의 몸이 영체임을 보여주기 위해서였습니다.

영체는 눈에 보일 수도 있고 안 보일 수도 있는 몸입니다. 영체는 음식을 안 먹을 수도 있지만 먹을 수도 있는 몸임을 보여줍니다.

(3) 예언의 성취를 보여주시기 위해

주님께서 제자들에게 바다에서 만나주신 것은 예언의 성취를 보여주시기 위해서입니다.

마 28:10절에서 주님은 "무서워 말라. 가서 내 형제들에게 갈릴리로 가라 하라. 거기서 나를 보리라." 주님은 그의 약속대로 제자들에게 갈릴리바다에서 만나주신 것입니다.

3. 요 21:6절의 교훈

(1) 처음 체험을 상기시키기 위해

눅 5장의 처음 체험을 상기시키기 위해서였습니다. 체험이란 같은 장소에 오면 다시 옛날이 기억나고, 그때의 일들이 생각나기 마련입니다. 사실 제자들은 다시 옛날의 체험을 회복해야 할 위치에 있었습니다.

(2) 배 오른 편에 그물을 던지라 한 이유

중요한 것은 주님께서 말씀하시면 된다는 것을 나타낸 것입니다. 오른편이나 왼편이 중요한 것이 아니라 주님의 말씀이 중요한 것입니다.

(3) 순종하면 복을 받음

순종하면 복을 받는다는 것은 본문의 교훈의 핵심입니다.

"그물을 배 오른편에 던지라. 그리하면 얻으리라"(6절). 순종하면 얻는다는 것은 항상 진리입니다. 이적은 믿음의 열매요 순종의 결과입니다.

그물 속에 들어가지 말라

(잠7:6-27)

오늘의 요절은 23절입니다. 본문에는 그물에 걸리는 새를 비유해서 인간들을 걸리게 하는 그물도 있으니 조심하라는 말씀입니다. 사실 이 세상에는 여러 가지 종류의 그물들이 있습니다. 고기를 잡는 그물에서 부터 시작하여 사람들을 잡는 그물에 이르기까지 가지각색입니다.

1. 어리석은 자

7절에 보면 "어리석은 자 중에, 소년 중에 한 지혜 없는 자를 보았노라"고 했습니다. 여기 어리석은 자를 영어 성경에는 the simple이란 말로 번역하였습니다. 이것은 삶에 있어서 중요한 것이 지혜라는 말입니다. 잠언은 이처럼 지혜를 강조하는 책입니다. 솔로몬은 지혜로 인해서 나라를 다스려 성공하였습니다. 그러나 솔로몬도 8절, 11절에 나오는 음녀, 혹은 간교한 계집의 그물에 걸려 말년에는 나라를 우상숭배의 나라로 전락시키는 우를 범하였습니다. 개인도 국가도 음란에 빠지면 이것을 인생을 망하게 하는 그물이 되는 것을 잊지 말아야 합니다.

2. 음란의 그물

(1) 행복해 보임

아주 행복해 보이기 때문에 많은 사람들이 유혹을 받습니다.

(2) 들어가면 못 빠져나옴

들어가기는 쉬운데 빠져나오기는 어려운 그물처럼 생겼다.

(3) 자기를 못 보는 눈

남들에게는 다 보이는데 자신에게만 보이지 않는 그물입니다.

(4) 건강과 돈과 명예를 잃음

건강과 돈과 명예를 버리게 하는 그물입니다.

(5) 기회를 놓침

깨달을 때는 이미 늦는 그물입니다.

(6) 무능한 자가 됨

다른 일을 할 수 없도록 자신의 능력을 발휘하지 못하게 합니다.

3. 음란의 그물에서 벗어나려면?

(1) 부부간의 신뢰로

부부간에 대화의 문이 항상 열려 있도록 노력하라.

(2) 고통의 이해로

상대방의 고민과 아픔을 이해하고 잘못을 용서하라.

(3) 함께 기도로

함께 기도하는 시간을 가지라.

(4) 대화로

자녀와 함께 대화하라.

(5) 좋은 기억 회상으로

아름다운 기억을 저축하라.

(6) 사랑의 희생으로

사랑은 주는 것이므로 서로 희생하는 것을 배우라.

기도가 응답되었을 때

(행12:13-19)

1. 응답받는 기도

왜 우리는 기도합니까? 기도는 무엇이며, 어떤 기도가 응답됩니까? 기도의 장애물이 무엇입니까?

(1) 기도하는 이유

우리들에게 필요한 것이 있기 때문입니다. 주님 자신이 기도하셨고 또 우리에게 기도하라고 권면하셨기 때문입니다. 또 성경에 보면 모든 위대한 성도들은 다 기도하였기 때문입니다.

(2) 기도는 하나님과 영적 대화

기도는 하나님과의 영적인 대화입니다. 대화에는 자신의 말하는 것 외에 상대방의 하는 말을 듣는 것이 꼭 있어야 합니다. 그렇지 않으면 독백이 되고 맙니다. 그리고 기도는 영적인 대화이기에 꼭 소리를 내어서 할 필요는 없습니다.

(3) 어떤 기도가 응답되는가?

응답의 비결은 크게 3가지가 있습니다. 먼저 회개를 해야 하고, 다음은 믿고 기도해야 합니다. 다음은 온전히 주님께 맡겨야 합니다.

그런데 본문에서의 응답의 비결은 무엇입니까?

5절에 보면 베드로가 옥에 갇혔을 때에 "교회는 그를 위하여 간절히

빌더라"고 했습니다. 기도는 간절해야 합니다.

12절에 보면 "여러 사람이 모여 기도하더라."라고 합심하였습니다.

2. 기도의 장애물

(1) 죄

죄가 있으면 그것이 기도를 못하도록 기도의 문을 막습니다.

그래서 기도할 때에 회개의 기도에서 시작하는 것입니다.

(2) 무관심

무관심이 기도를 못하게 합니다.

그러므로 먼저 관심을 가져야 합니다.

(3) 불순종

불순종이 기도의 문을 막습니다.

(4) 의심

의심이 기도의 가장 무서운 장애물입니다.

약 1:6-7절에 "오직 믿음으로 구하고 조금도 의심하지 말라. 의심하는 자는 마치 바람에 밀려 요동하는 바다 물결 같으니 이런 사람은 무엇이든지 주께 얻기를 생각하지 말라"고 하였습니다.

3. 초대교회가 응답받고 가졌던 자세

기도가 응답되었을 때에 초대교회가 가졌던 자세를 알아봅니다.

(1) 기뻐함

'로데'는 너무도 기뻐서 문을 미여 여는 것을 잊었습니다(14절).

(2) 미쳤다고 오해

교회의 성도들은 '로데'가 미쳤다고 하였습니다(15절).

기도의 응답을 믿지 않는 사람들은 기도를 하면서도 믿지 않습니다.

그래서 응답을 믿는 사람들을 오히려 미쳤다고 하는 것입니다.

(3) 합리적인 해석

'로테'가 힘써 말하자 교인들은 베드로의 천사일 것이라고 합리화 하였습니다(15절).

(4) 기도 응답에 경악

결국 기도의 응답을 목격하고 놀랐습니다(16절).

기도 응답의 체험이 없는 분들은 응답을 목격하거나 체험하면 놀라고 맙니다.

(5) 간증함

끝으로 베드로는 하나님께서 하신 일을 간증하고, 분래 하려고 했던 사명을 위해서 떠났습니다.

우리는 그의 행선지를 모릅니다. 더러는 로마나 안디옥이라고 말합니다만 아무도 모릅니다. 다만 그는 헤롯이 죽은 후에 예루살렘 공회의 때에 돌아옵니다. 어찌되었든 그들은 기도가 응답이 되었을 때에도 또 다른 사명이 기다리고 있었고, 또 그것을 위해서 위험을 무릅쓰고 그 사명을 위해서 또 갔습니다.

마태복음 17장에 보면 변화산에서의 체험을 한 제자들은 "우리가 여기 있는 것이 좋사오니 주께서 만일 원하시면 내가 여기 초막 셋을 짓고 여기에 머물기를 원한다"고 하였습니다. 그러나 예수님은 산 밑에서 신음하며 고생하는 귀신에게 사로잡혀 있는 아이를 고쳐주기 위해서 내려가셨습니다. 우리도 예수님처럼 산 밑으로 내려가야 합니다.

기도에 힘을 같이하라

(롬15;30-33)

본문에 보면 바울이 기도를 도와달라고 하였습니다. 고후 1:11절에서도 "너희도 우리를 위하여 간구함으로 도우라"고 말씀했습니다.

1. 바울이 그의 기도에 힘을 같이하라는 이유

(1) 함께하는 기도가 더 능력이 있기 때문

본문에서는 "너희 기도에 나와 힘을 같이하여"라고 했고, 살전 5:25절에서는 "형제들아 우리를 위하여 기도하라"고 했습니다. 이유는 혼자서 기도해도 능력이 있지만 함께 기도하면 더 능력이 나타나기 때문입니다.

(2) 함께하는 기도를 하나님께서 기뻐하심

그것은 함께 하는 기도를 하나님께서 기뻐하시기 때문입니다.

하나님께서는 기도는 하나님과의 영적 대화이기 때문에 우리들이 기도하는 것을 기뻐하십니다. 그러나 함께 기도할 때에 더 기뻐하십니다.

(3) 교회가 하나 되기 때문

함께 하는 기도를 통해서 교회가 하나 되기 때문입니다.

교회들 가운데는 사랑으로 하나된 교회도 있고, 서로 분열되어서 싸우는 교회도 있습니다. 하나된 교회는 기도를 많이 하는 교회입니다. 분열이 되고 싸우는 교회의 특징은 기도를 안 하는 교회입니다.

2. 바울의 기도 요청

(1) 바울을 위하여 기도해 달라는 것(30).

"너의 기도에 나와 힘을 같이하여 나를 위하여 하나님께 빌어"(30절). 남을 돕는 방법은 많이 있습니다. 돈으로 돕기도 하고, 참여해서 손으로 돕기도 합니다. 그러나 가장 큰 도움은 기도로 돕는 것입니다.

(2) 화를 입지 않게 기도해달라 함

바울의 생명을 해하려는 자들에게서 화를 입지 않게 기도해달라고 했습니다(31).

"나로 유대에 순종치 아니하는 자들에게서 구원을 받게 하고." 주기도의 마지막에 "시험에 들지 않게 하옵시고 다만 악에서 구하옵소서"란 기도는 외우라는 것이 아니라 날마다 꼭 해야 할 기도입니다.

(3) 구제헌금이 성도들에게 기쁜 선물이 되도록

바울이 예루살렘에 가져가는 구제헌금이 그곳 성도들에게 기쁜 선물이 되도록 기도해달라고 했습니다.

"또 예루살렘에 대한 나의 섬기는 일을 성도들이 받음직 하게하고"(31절). 매주 우리는 헌금을 합니다. 전에는 그냥 헌금이라고 했는데 지금은 봉헌이라고 하는 것은 돈만을 드려서는 안 되고, 마음도 함께 드리기 위해서입니다. 바울도 구제헌금을 보낼 때 이것이 예루살렘 교회에 위로가 되고, 힘이 되고, 하나님의 역사가 일어나기를 원했던 것입니다.

(4) 기쁨을 안고 예루살렘에 갈 수 있게

기쁨으로 예루살렘에 갈 수 있게 해달라는 기도의 요청이었습니다(32).

"나로 하나님의 뜻을 좇아 기쁨으로 너희에게 나아가"(32). 인간의 생사화복은 하나님의 손 안에 있습니다. 그러므로 우리는 여행을 할 때나 출장을 갈 때나 어디를 가든지 항상 하나님의 보호와 인도를 기도해야 합니다. 왜냐하면 역사는 하나님의 손을 떠나서는 이루어지지 않기 때문입니다.

(5) 교인들과 함께 편히 쉬게

예루살렘 교인들과 함께 편히 쉬게 하라는 기도의 요청이었습니다 (32).

우리는 편히 쉬기 위해 집도 편리하게 짓습니다. 자동차도 비싸지만 편리한 차를 삽니다. 그러나 이런 외적인 것만으로 되는 것은 아닙니다. 마음이 편해야 하는데 그것은 하나님께서 함께하셔야 합니다. 그래서 항상 기도할 때마다 편히 쉬게 해달라고 기도해야 합니다.

기쁨과 성령이 충만한 삶

(행13:49-52)

1. 참 기쁨

이 세상에는 잠깐 있다가 없어지는 잠정적인 기쁨이 있고, 또 영원히 계속되는 참 기쁨이 있습니다. 그런데 이 참 기쁨은 항상 성령이 임할 때옵니다. 기쁨과 성령 충만은 서로 뗄 수 없는 관계를 가지고 있습니다.

이 세상에서 주는 기쁨은 일회적인 기쁨이지만 위로부터 주시는 기쁨은 영원한 기쁨입니다. 그것은 사죄의 기쁨, 하나님의 양자, 양녀가 되는 기쁨입니다. 그리고 장차 누리게 될 천국에서의 영광을 바라볼 때 우리는 참으로 기뻐할 수 있습니다.

2. 제자들의 기쁨

본문에 나오는 예수님의 제자들의 기쁨은 어디서 왔습니까?

(1) 영생의 약정을 받음

48절의 "영생을 주시기로 작정된 자는 다 믿더라"는 말씀대로 많은 사람들이 믿는 것을 보면서 기뻐했습니다.

(2) 말씀의 전파

제자들이 가졌던 두 번째 기쁨은 49절에 보니까 주의 말씀이 그 지방에 두루 퍼지는 것을 보면서 기뻐했다고 하였습니다.

이것은 하나님의 나라가 확장되는 것을 확인하기 때문에 오는 기쁨이었습니다.

(3) 핍박 속에서도 기뻐함

그런데 이상한 것은 50절에 핍박을 받아 쫓겨날 때 제자들은 기뻐하였다고 했습니다.

인정받고, 진급되고, 성공할 때가 아니고, 핍박을 받고, 쫓겨날 때에 기뻐하였습니다. 그것은 경건하게 살고자 하는 자는 핍박을 받고 이 핍박과 쫓겨남이 바로 경건의 증명서가 되기 때문입니다. 또한 핍박은 천국에서의 상급에 대한 보증수표이기 때문입니다.

(4) 기쁨과 성령이 충만

52절에 "제자들은 기쁨과 성령이 충만 하니라"고 하였습니다.

기쁨은 성령의 두 번째 선물입니다.

3. 우리가 누릴 수 있는 참 기쁨

그러면 오늘의 우리가 누릴 수 있는 참 기쁨의 비결은 무엇입니까?

(1) 소극적인 방법

먼저 소극적인 방법부터 말씀을 드리겠습니다.

그것은 이미 주신 하나님의 은혜와 기쁨을 잊지 않을 때 기쁨이 계속해서 생깁니다. 그리고 기쁨은 표현할수록 커지는 것입니다. 웃음으로 기쁨을 표현할 때 엔도르핀도 나와서 행복감을 더하고, 온 몸에 윤활유 역할도 합니다. 웃음은 영육간의 모든 면에서 유익합니다.

(2) 기쁨을 소망할 때

장차 주실 기쁨을 소망할 때 우리에게 기쁨이 넘칩니다. 결혼을 앞둔 젊은이들의 기쁨이 넘치는 것과 같습니다.

(3) 주안에 살 때

주안에서 살 때에 기쁨이 넘칩니다.

바울은 빌립보 교회에 보내는 편지에 "주안에서 기뻐하라"(4:4)고 하였습니다. 주안에서 사는 것은 바로 성령 안에서의 삶을 말합니다. 그런데 성령의 9가지 열매 중에서 기쁨은 두 번째 열매입니다. 따라서 하나님과의 관계가 바로 되어야 기쁨이 옵니다.

(4) 주님의 '기쁨 조'

우리가 기쁨을 누리는 실제적인 방법은 우리들이 주님의 '기쁨 조'가 되는 것입니다.

이 말은 우리가 주님을 기쁘시게 해드리는 삶을 살게 될 때에 주님이 주시는 기쁨이 우리에게 있게 되는 것을 말합니다.

(5) 보람 있는 일을 할 때

마지막으로 우리가 의미 있고, 보람 있는 일을 할 때에 참 기쁨이 옵니다.

그것은 하나님을 위하고, 이웃을 위하는 삶을 사는 것입니다. 남을 위해 사는 것이 진정 가치 있고 보람 있는 삶이 되는 것입니다.

깨달아야 할 것은?

(전7:19-29)

1. 깨달음의 중요성

인간이 동물과 다른 것은 깨달음이 있다는 점입니다. 같은 사람이라도 지혜에 따라 깨달음이 결정됩니다. 그래서 빨리 깨달음이 있는 사람이 있고, 늦게 깨달음이 있는 사람도 있습니다. 어쨌든 중요한 것은 인간은 깨달음이 있어야 한다는 점입니다. 그래야 발전이 있고, 변화가일어납니다. 그러면 우리는 무엇을 깨달아야 합니까?

첫째 세상을 살아가는 방법을 깨달아야 합니다.

둘째 하나님을 섬기는 방법을 깨달아야 합니다.

이 외에는 본문에는 세 가지를 말씀하고 있습니다.

2. 본문에 나오는 깨달아야 할 것 세 가지는?

(1) 사람의 말을 마음에 두지 말아야 함(21절)

21절에 "무릇 사람의 말을 들으려고 마음에 두지 말라"고 했습니다. 왜냐하면 부작용이 크고 나쁘기 때문입니다. 칭찬이나 아첨은 우리를 어색하게 하여 고만케 만들고, 비판하는 말은 화가 나게 하여 기분을 잡치게 하기 때문입니다. 솔로몬은 자신의 경험을 통하여 말합니다. 22절에 "너도 가끔 사람을 저주한 것을 네 마음이 아느니라."

(2) 독한 여자를 피하여야 할 것을 깨달으라(26절)

이것은 솔로몬의 체험을 통한 깨달음이었습니다. 솔로몬은 독한 여자를 올무와 그물에 비유했습니다. 이세벨을 예로 들면 그렇습니다. 세례 요한을 죽이고 만 헤로디아가 바로 그런 독한 여자입니다. 사망보다도 독한 여자라고 표현했습니다.

여자의 독은 어디서 나옵니까?

첫째 여자의 입에서 나옵니다.

여자는 화가 나면 저주의 입이 열립니다. 남자는 주먹이 앞서지만 여자는 저주를 합니다. 오뉴월에도 여자가 저주하면 서리가 내린다고 했습니다.

둘째 여자의 독은 우상숭배에서 나옵니다.

여자가 신앙을 가지면 자녀들이 다 믿게 되지만 우상을 섬기게 되면 그 자녀들도 우상을 섬기게 됩니다.

셋째 여자의 독은 자녀 교육을 통해서 전달이 됩니다.

우리는 사임당 신씨를 위대한 어머니로 꼽습니다. 이 율곡을 낳았기 때문입니다. 그러나 사실은 그 남편이 바람둥이기 때문에 어려서부터 자녀 교육에만 전념했습니다. 그래서 역사에 남는 위대한 아들을 만든 것입니다

다음에는 여자의 독을 피하는 방법을 말씀하고 있습니다.

"하나님을 기뻐하는 자는 저를 피하려니와 죄인은 저에게 잡히리로다"라고 했습니다. 솔직히 여자가 없으면 세상은 사막처럼 삭막해집니다. 그러나 여자는 강하지는 않지만 부드럽고, 섬세하고, 아름답습니다. 그러나 문제점은 하와처럼 뱀, 즉 사탄의 소리에 귀를 잘 기울입니다. 귀가 얇다는 말입니다. 그래서 유혹에 빨리 넘어갑니다. 사탄의 도구가 될 가능성이 더 많습니다. 그래서 여자는 혼자 있으면 안 됩니다. 남자

의 보호가 필요합니다. 남자들이 성공한 뒤에는 언제나 여자들이 있습니다. 반대로 남자들이 망한 데도 항상 여자들이 있었습니다. 그러므로 여자들과의 관계를 바로 유지하고 가져야 합니다.

(3) 피를 내지 말고 하나님이 만드신 대로 단순하게 살아야(29절)

우리말에 '자기 꾀에 넘어 간다'는 말이 있습니다. 인간의 꾀는 빨리 가는 것 같으나 사실은 돌아서 가는 것입니다. 그러므로 단순하고 정직하게 사는 것이 오히려 지혜인 것입니다.

깨어 의를 행하고

(고전15:29-34)

그리스도의 부활을 믿느냐 안 믿느냐에 따라 생활이 전혀 달라집니다. 부활을 믿는 사람들은 항상 깨어 있습니다. 그러나 부활을 믿지 못하는 사람들은 항상 영적으로 잠을 잡니다. 이제 그 차이점을 구체적으로 살펴보겠습니다.

1. 그리스도의 부활을 믿지 않는 사람들

(1) 죽음에 대한 두려움을 가짐

암에 대한 두려움, 성인병에 대한 두려움, 코레스톨에 대한 두려움, 건강에 대한 두려움을 가집니다. 왜냐하면 건강이 세상의 전부이기 때문입니다. 그 후에 무엇이 있는지 모르기 때문에 더욱 불안합니다.

(2) 위험을 무릅쓰고 적극적으로 살지 못함

우리는 모든 일에 항상 적극적이어야 합니다. 적극적으로 사는 사람에게는 항상 위험이 따릅니다. 그러나 위험을 피하려고만 하는 사람에게는 더 많은 위험이 찾아옵니다.

(3) 소망이 없음

소망은 모든 것의 힘의 근원이 됩니다. 꿈이 있는 사람이 보다 적극적인 삶을 살듯이 소망은 모든 것의 근원이 됩니다. 최근 자살자의 숫자가 느는 것은 소망이 없기 때문입니다.

2. 그리스도의 부활을 믿는 사람들

(1) 죽음에 대한 두려움이 없음

왜냐하면 부활할 것을 믿기 때문입니다. 천국에 갈 것을 확신하기 때문입니다.

(2) 어떤 역경에서도 자신감을 가짐

이 세상은 광야와 같습니다. 그래서 맹수도 많고, 목마름도 많고, 길도 험하고 그래서 짧은 인생을 사는데 왜 그렇게도 많은 고난과 역경이 오는지 모르겠습니다. 그러나 부활신앙을 가지면 자신감을 가지고 삽니다.

(3) 부활의 소망을 가진 사람들은 깨어서 의를 행함

깨어 있다는 말은 기도한다는 뜻입니다. 기도하는 사람은 항상 의를 행합니다. 의란 하나님과의 바른 관계를 말하는 것입니다. 그래서 믿고 의지하고 교통하고 순종합니다. 바라기는 우리가 항상 부활신앙을 가지고 의를 행하면서 승리하는 삶을 살기를 축원합니다.

꼭 필요한 인물이 되자

(빌2:25-30)

25절에 보면 "필요한 줄로 생각하니"라고 했습니다. 에바브로디도는 바울에게나 빌립보교회에 꼭 필요한 인물이었습니다. 우리도 있으나 마나한 사람이 아니라 혹은 있어서는 안 될 사람이 아니라 꼭 필요한 인물이 되도록 합시다.

1. 에바브로디도는 어떤 사람이었는가?

이름의 뜻은 '사랑스러운'이란 말입니다. 그는 이름대로 바울에게 있어서 매우 사랑스러운 인물이었습니다.

그는 로마의 감옥에 있는 바울을 돕기 위해서 파송되었으나 이제는 병이 들어 거의 죽게 된 사람인데도 본문 25절에 보면 다섯 가지로 그를 묘사하고 있습니다.

① 나의 형제요(그리스도 안에서의 형제)

② 함께 수고하고(주의 일에 동역하는 자)

③ 함께 군사 된 자요(십자가의 정병이요, 전우)

④ 너희 사자로(교회에서 특별한 사명을 위해서 보낸 사람이란 뜻)

⑤ 나의 쓸 것을 돕는 자라(이 돕는 자라는 단어는 당시에 큰 공헌을 한 사람에게만 사용되는 단어였다고 함)

2. 사명에 충성한 에바브로디도

에바브로디도는 빌립보 교회의 대표로서 헌금을 바울에게 전달했을 뿐 아니라 파송을 받아 로마의 감옥에 있는 바울을 돕다가 병들어 거의 죽게 되었는데도 사명을 잊지 않았다. 즉 에바브로디도는 자기의 사명에 충성된 사람이었다는 점입니다. 오늘날 에바브로디도와 같은 목회자, 장로, 권사, 집사들이 꼭 필요합니다.

3. 바울이 빌립보서를 돌려보낸 이유

바울이 빌립보서를 기록해서 에바브로디도 편에 보내면서 그를 돌려보낸 이유는 무엇인가?

① 너희로 저를 보고 기뻐하게 하며(28절 중)

② 내 근심도 덜려함이니(28절 하)

4. 바울이 빌립보 교회에 대한 기대

바울이 빌립보 교인들이 어떻게 주의 종을 대해줄 것을 기대하고 있는가?

(1) 기쁨으로 저를 영접

모든 기쁨으로 저를 영접하고. 우리는 주의 종들은 물론이고, 모든 새 신자들을 기쁨으로 영접해야 합니다.

(2) 존귀히 여김

존귀히 여기라. 지금도 교회를 위해서 일하는 사람들을 존귀히 여겨야 합니다.

그 이유는? 자기의 목숨을 바쳐서 봉사해온 사람이기 때문이었습니다. 그들이 잘나서 존귀히 여기는 것이 아니라 그들이 섬기는 하나님이 존귀하기 때문에 존귀히 여기는 것입니다.

마치 육신의 부모가 인간적으로 못나도 나를 낳아 길러주신 분이기 때문에 존귀히 여겨야 하듯이 주의 종들을 박대하면 결국 내가 복을 받지 못합니다. 못난 종들이라도 주인에게는 소중한 분들이기 때문에 우리는 그들을 존귀히 여길 수 있기를 축원합니다.

나를 단련하신 후에는

(욥23:8-10)

이 세상에 살고 있는 사람들 중에 고난을 좋아하는 사람은 하나도 없습니다. 그러나 이 고난은 현실적으로 우리 가운데 그리고 주변에 존재하고 있고 또 모든 사람들에게 날마다 다가오고 있습니다. 그렇다면 과연 이 고난의 의미는 무엇입니까?

이 고난의 문제를, 특별히 의인이 왜 고난을 당해야 하는가를 다루고 있는 책이 바로 욥기서입니다. 구약에는 지혜서라고 불리는 네 권의 책이 있습니다. 잠언, 전도서, 아가서, 욥기서입니다. 오늘은 그 중에서도 욥기서, 특별히 욥의 세 친구 중에 하나인 엘리바스의 비판에 대해서 답변한 내용을 중심으로 우리의 고난의 의미를 살펴봄으로써 하나님의 섭리를 깨닫는 지혜가 있기를 바라고, 또 우리가 함께 은혜를 나누려고 합니다.

1. 고난을 징계의 수단으로

하나님은 우리의 고난을 그의 징계의 수단으로 사용하기도 하지만 성도들의 경우에는 대부분, 단련의 수단으로 사용하고 계십니다.

물론 인생은 죄로 인해서 근본적으로 고난을 당하게 되어 있습니다. 그래서 5:7절에 보면 "인생은 고난을 위하여 났나니 불티가 위로 날음 같으니라"고 했습니다. 즉 징계의 수단으로 고난을 사용하는 경우입니다. 그러나 고난 중에는 단련으로 사용되는 경우가 종종 있습니다. 여기서 단련이란 말은 '시험하다, 증명하다'라는 뜻입니다. 간단히 말하면 금속의 순수성을 시험한다는 뜻입니다. 가짜가 섞여 있는지 아닌지를 점검해 보는 것입니다.

솔직히 우리는 이 고난이 오기 전에는 우리의 신앙이 깊은지 얕은지를 알 수가 없습니다. 그러다가 고난이 오면 우리는 나의 신앙이 얼마나 엉성하고, 뿌리가 없이 얕고, 형식적이라는 것을 깨닫게 됩니다. 경건의 모양은 있으나 경건의 능력은 없는 것을 발견하게 됩니다.

그래서 다윗은 자신을 시험하여서 내 뜻과 내 마음을 단련시켜 달라고 기도 했습니다(시 26:2). 베드로는 우리가 주님의 고난에 참여하는 것을 즐거워하라고 충고했습니다(벧전4:12-14).

사실 이 세상에는 참으로 많은 종류의 고난들이 있습니다. 육체적으로 심한 노동을 할 때에 고통이 됩니다. 미련한 자식이 부모에게 고통을 주기도 합니다. 자녀를 해산하는 엄마에게 고난이 옵니다. 국가적인 재난을 당할 때에도 고난입니다. 그러나 인간이 일반적으로 당하는 삼대 고난은 첫째는 굶주리는 것이고, 둘째는 질병에 걸려서 고통을 당하는 것이고, 셋째는 감옥에 들어가서 고난을 당하는 것입니다.

그러나 우리 성도들에게 있어서는 하나님이 침묵하실 때 그 고독과 고통은 견딜 수 없는 것입니다. 혹시나 하나님 나라에서 제외된 것이 아닌가 하는 근심 때문에 고통을 당합니다. 욥은 바로 그런 고난을 당하고 있었습니다. 하나님을 볼 수도 만날 수도 없었기 때문입니다. 뵈올 수도 없었기 때문입니다.

그러나 중요한 것은 "나의 가는 길을 오직 그가 아시나니." 하나님이 우리가 당하고 있는 고난은 물론 우리의 인생길을 다 알고 계신다는 점입니다. 왜냐하면 우리는 현재밖에 보지 못하나 하나님은 우리의 과거와 현재와 미래를 동시에 보고 계시기 때문입니다.

왜냐하면 하나님은 영원하신 분이시기 때문입니다. 그러므로 지금 당하고 있는 고난을 하나님의 사랑의 채찍이란 것을 기억하시기 바랍니다. 이렇게 깨닫게 될 때에 우리는 고난 중에서도 기뻐할 수 있고, 찬송할 수 있고, 즐거워할 수 있는 것입니다.

그래서 다윗은 시 119:67절에서 "내가 고난당하기 전에는 내가 그릇 행하였더니 이제는 주의 말씀을 지키나이다."라고 감사했던 것입니다.

게다가 이 세상은 어둡고 불의한 세상이기 때문에 경건하게 살려고 할 때에 고난이 옵니다. 그래서 딤후3:12절에 보면 "무릇 그리스도 예수 안에서 경건하게 살고자 하는 자는 핍박을 받으리라"고 했습니다.

2. 고난을 이기는 방법

우리가 당하는 고난을 이기는 방법은 다음과 같습니다.

(1) 의미 있는 고난임을 깨달을 때

무엇보다도 먼저 이 고난이 징계가 아니고, 사랑의 채찍이며 무의미한 고난이 아니라 의미 있는 고난이라는 것을 깨달을 때에 우리는 고난에서 이길 수 있는 마음의 자세를 가지게 됩니다.

지금 한국에서는 IMF사태 이후에 교회마다 메어질 정도로 사람들이 차고 있다는 말을 들으면서 매 맞고 믿지 말고, 축복받으면서 믿을 것이지 하는 생각을 하였습니다.

고난의 의미는 여러 가지입니다. 단련하시려고 고난을 주시기도 하시고, 기도하게 하려고 고난을 주시기도 하시고, 회개를 하게 하려고 고난을 주시기도 하시고, 순종을 가르치려고 고난을 주시기도 하시고, 복음 전파를 위해서 고난을 주시기도 하시고, 영광을 받기 위해서 고난을 받게도 하신다고 하였습니다. 이처럼 고난은 우리들에게 큰 유익을 줍니다.

다시 말하면 고난은 축복을 가져온다는 사실을 깨닫고 믿게 되었을 때에 이 고난을 극복할 수가 있습니다.

(2) 하나님이 절대주권자임을 믿을 때

욥은 모든 것을 주신 분도 하나님이시요 또한 취하시는 분도 하나님이라고 믿었습니다. 다시 말하면 하나님이 절대주권자란 사실을 믿게 되었을 때에 욥은 고난을 원망 없이 극복하였습니다. "내가 모태에서 적신이 나왔사온즉 또한 적신이 그리로 돌아 가올지라. 주신 자도 여호와시오 취하신 자도 여호와시오니 여호와의 이름이 찬송을 받으실 지니이다"(1:21)

(3) 절대적인 신앙을 통해서

욥은 하나님께 대한 절대적인 신앙을 통해서 그의 고난을 극복하였습니다.

욥 13:15절에 "그가 나를 죽이시리니 내가 소망이 없노라"고 우리말 성경에는 번역되어 있으나 흠정역이나 NIV에서는 "그가 나를 죽이실지라도 나는 그를 의뢰하리라"고 번역했습니다. 원문에 좀 더 가까운 번역이라고 생각됩니다.

(4) 하나님의 자녀로서 만날 것을 믿음

욥 19:27절 "내가 친히 그를 보리니 내 눈을 그를 보기를 외인처럼 하지 않을 것이라." 욥이 고난을 극복할 수 있었던 것은 하나님을 친히 뵈올 것이라는 소망, 그것도 외인처럼 만나는 것이 하나님의 자녀로서 만날 것을 믿었기 때문입니다.

(5) 승리의 확신이 있었기 때문

"내가 알기에는 나의 구속자가 살아계시니 후일에 그 땅위에 서실 것이라"는 승리의 확신이 있었기 때문입니다.

3. 단련하신 후에 주시는 하나님의 축복

(1) 고난을 통하여 지혜를 얻음

먼저 고난을 통하여 지혜를 얻습니다. 여러분, 구약에 나오는 요셉이 어떻게 애굽의 총리대신이 될 수 있었을까요? 그 것은 그가 죽음의 고비를 여러 번 넘으면서 고난을 통하여 지혜를 얻었기 때문입니다. 대학 졸업장도 중요하지만 고생대학의 졸업장은 최고의 가치를 가지고 있습니다. 그래서 성 어거스틴은 고난은 하나님의 최고의 선물이라고 했습니다. 고난을 통하여 자신이 잘못 되었다는 것을 깨닫기 때문입니다. 우리는 머리에 열이 나고 아픈 것을 보고 아하 내가 감기에 걸렸구나 하고 알게 됩니다. 그래서 가장 무서운 병은 아픔이 없는 병입니다.

(2) 고난을 통하여 열매를 맺고 영광을 얻음

다음에는 고난을 통하여 열매를 맺고 영광을 얻습니다. 10절에 "내가 정금같이 나오리라" 무엇보다도 정금같이 다듬어집니다. 영광이란 그냥 주어지는 것이 아니라 고난을 통해서 주어지는 선물입니다.

(3) 고난의 십자가를 통하여

예수님이 고난의 십자가를 통하여 우리의 구원을 완성한 것처럼 우리들도 고난의 십자가를 통하여 이 세상에서 승리할 수 있습니다. 또 죄를 이길 수 있습니다. 율법을 이길 수 있습니다. 놀라운 것은 고난에 정비례해서 영광이 온다는 사실입니다.

바라기는 우리에게 고난이 왔을 때 금식기도하면서 오직 하나님께만 매어달리고, 기도하면 고난이 변하여 축복이 될 줄로 믿습니다.

나를 더 사랑하느냐?

(요21:15-17)

1. 주님이 베드로에게 세 번이나 사랑을 확인한 이유

베드로는 한때 어린 계집 종 앞에서 예수님을 맹세하면서 세 번씩이나 부인했었습니다. 주님이 세 번씩이나 베드로에게 네가 나를 사랑하느냐 하고 질문한 이유는 이렇습니다.

(1) 기억케 하고 회개시킴

베드로로 하여금 세 번 부인한 것을 기억하게 하고, 그것을 철저하게 회개하게 하고, 이제는 주님께 전적으로 헌신되었다는 것을 결심케 하려는데 목적이 있었다고 추측이 됩니다.

(2) 사랑의 확인

인간의 사랑은 변하기 때문에 확인이 필요했던 것입니다.

사랑은 영원하다고 말합니다. 그래서 바울도 믿음, 소망, 사랑 이 세 가지는 항상 있을 것인데 라고 했습니다. 그런데 사랑은 영원하지만 사랑을 하는 사람은 영원하지 않기 때문에 우리는 계속 확인을 해야 하는 것입니다.

(3) 확신을 주기 위해

베드로에게 확신을 주기 위해서였습니다.

베드로는 주님께 대한 사랑을 깊이 생각한 적이 없습니다. 그냥 사랑했고 존경했습니다. 그러나 죽음이 앞에 다가왔을 때 그 사랑은 변했습니다. 배신했습니다. 왜 베드로가 주님을 배신했을까요? 그것은 인간의 노력으로 믿으려 했고, 자기의 결심으로 믿으려했기 때문입니다. 그러므로 우리는 인간은 아무것도 아니라는 것을 알아야 합니다. 우리는 힘과 결심이 약하여 늘 깨어지기 쉬운 존재인 것입니다.

(4) 사랑이 점진적으로 발전해야

주님께 대한 사랑이 점진적으로 발전해야 하기 때문입니다.

15절에 "내 어린 양을 먹이라"고 했고, 16절에서는 "내 양을 치라"고 했고, 17절에는 "내 양을 먹이라"고 했는데 그것은 목회의 점진성을 보여줍니다. 처음에는 어린양 즉 새 신자들을 말씀으로 먹여서 구원의 확신을 갖게 합니다. 다음 단계는 이들을 훈련시켜 봉사자로 만듭니다. 마지막 단계는 이 양들을 멘토링해서 평신도 지도자로 키우고, 다른 사람들을 가르치고, 인도할 수 있도록 만드는 것입니다.

2. 나를 더 사랑하느냐의 뜻

"이 사람들보다 나를 더 사랑하느냐?"의 뜻은?

(1) 사랑의 깊이 확인

사랑의 급수를 확인하기 위해서입니다. 이 말씀은 주님께 대한 사랑이 이 사람들에 대한 사랑보다 더 크냐는 질문입니다. 사실 모든 것은 비교할 때보다 더 분명해집니다. 우리의 사랑이 세상의 권세나 부귀영화보다 더 사랑합니까?

(2) 사랑의 비교

베드로의 주님께 대한 사랑과 다른 사람들의 주님께 대한 사랑을 비교하기 위해서였습니다.

이 사람들이 주님을 사랑하는 것보다 네가 나를 더 사랑하고 있느냐고 물은 것입니다.

(3) 오직 예수님만 사랑하는 유일 신앙을 원함

최고의 사랑 즉 오직 예수님만을 사랑하기를 원하였기 때문입니다.

주님이 원하는 것은 주님께 대한 사랑과 믿음이 다른 것 중에 하나이기를 원치 않습니다. 그래서 기독교는 배타적인 성격을 가지고 있습니다. 석가도 믿고, 유교도 믿고, 조상신도 믿고 하나님도 믿는 그런 신앙은 원치 않는다는 말씀입니다.

3. 주님을 사랑하는 자의 의무

주님을 사랑하는 자가 해야 할 일은 이렇습니다.

(1) 어린 양을 먹이라

"내 어린 양을 먹이라"(15절), "내 양을 치라"(16절), "내 양을 먹이라"(17절).

우리말 성경에는 '양'과 '어린양'이 구별되어 있고, '먹이라'는 말과 '치라'는 말을 구별하여 기록하고 있습니다.

이 말씀에서 가장 강조하는 것은 진심으로 주님을 사랑하는 마음을 가지고 양들을 돌보고, 목양하라는 뜻입니다. 물론 이 말씀은 목회자들에게 주신 명령입니다.

(2) 끈질기게 사랑하는 마음

주님께서 베드로라는 한 영혼을 찾기 위해서 끈질기게 사랑했듯이 우리들도 우리 주변의 한 영혼을 끈질기게 사랑하는 마음을 가져야 합니다.

나를 본받으라

(빌3:17-21)

인간은 어려서는 부모를, 커서는 선배나 존경하는 사람을 본받는 것이 일반적입니다. 그러나 우리 성도들은 다 주님을 본받습니다. 그리고 성경의 위대한 인물들을 본받으려고도 합니다.

그런데 바울은 자신을 본받으라고 하였는데 왜 그랬을까요? 그것은 십자가의 원수들인 거짓 선생들의 거짓 가르침을 본받지 말고 오직 믿음으로 구원받는다는 것을 믿는 바울 자신처럼 그리고 믿음으로 구원받는 것을 바울이 전하고 가르친 가르침을 변함없이 따르라는 의미입니다.

1. 십자가의 원수들

십자가의 원수들은 구체적으로 누구입니까? 그들은 예수 그리스도의 구속의 은혜를 믿지 않고, 또 그리스도인의 참 자유를 왜곡한 사람들, 율법주의자들, 유대주의자들이었습니다. 지금도 그런 모임들이 종종 있습니다.

구체적으로 말하면 시험을 받을 분들이 많기 때문에 말씀드리지 않지만 우리는 영을 분별할 수 있어야 합니다. 그런데 많은 사람들이 영의 분별 은사를 받지 못해서 좀 친절하면 좋다고 하고, 뭐 좀 주면 입이 벌어집니다. 솔직히 이단 치고, 친절하지 않는 사람들이 있습니까? 그들은 처음에는 모든 남자들을 왕자처럼, 모든 여자들을 공주처럼 대해주고, 물질적으로 많은 것을 도와줍니다. 그러나 일단 거기에 빠지면 재산을 약탈하고, 협력을 안 할 때에는 심지어 생명의 협박까지 합니다.

2. 두 가지 종류의 사람들

이 세상에는 많은 사람들이 살고 있지만 그러나 이 사람들을 두 가지로 나눌 수 있습니다.

(1) 세상에 속한 사람들

세상에 속하여 세상 것만 바라보면서 사는 세상 사람들이 있습니다.

(2) 하늘 시민권을 가진 사람들

하늘에 시민권을 가진 천국 백성들이 있습니다.

당시 빌립보 교인들이 로마로부터 멀리 떨어져 있었으나 로마의 제국에 속해 있는 것처럼 지금 우리 성도들이 하나님의 나라에서 떨어져 산다 해도 우리의 소속은 하늘에 있는 것입니다.

3. 세상만 바라보고 사는 사람들의 철학

(1) 지옥을 향해 감

종착점이 지옥이기 때문에 멸망을 향해 가고 있습니다.

(2) 동물적인 삶

저희의 신은 배, 즉 잘 먹고 잘 입고 사는 동물적인데 생의 목적이 있습니다.

다시 말하면 세속주의 자들이요, 쾌락주의자들이란 뜻입니다.

(3) 도덕적 수치인들

그들의 영광은 영적으로 도덕적으로 부끄러움에 있습니다.

부도덕한 일을 서슴없이 하고 있음을 지적한 것입니다.

(4) 땅의 일만 생각하는 자

본능적인 것을 추구하는 것을 말합니다.

4. 하늘의 시민권을 가진 자들의 철학

그러면 하늘의 시민권을 가진 자들의 철학이 무엇이어야 하는가?

(1) 하늘의 법을 지킴

왜냐하면 하늘의 일을(20절, 요3:12절) 생각하기 때문입니다.

(2) 그리스도만을 의지

주 예수 그리스도만을 의지해야 합니다.

바울은 오직 예수님만을 의지하였습니다. 수많은 핍박과 고난이 왔지만 심지어 마침내 죽음이 찾아 왔지만 주님만 의지하는 그의 마음에는 변화가 없었습니다.

(3) 영광의 형체 부활을 믿음

소망을 영광의 몸의 형체로 변케 하시는 그 날을 기다리면서 살았습니다.

즉 재림의 날을 기다리는 것입니다. 그러나 지금 우리는 낮은 몸을 가지고 있습니다. 낮은 몸이란 죄짓기 쉬운 몸, 죽음과 질병과 고난에 무방비한 몸인 것입니다. 영광의 몸이란 썩지 아니할 몸, 신령한 몸(고전15:42-44절)을 말합니다.

나를 좇으라

(요1:43-51)

1. 예수님이 '나를 좇으라' 하신 이유

(1) 허무한 것을 찾아 방황하기 때문

우리가 성공과 행복을 원하면서도 찾지 못하고, 허무한 것만을 찾아 방황하고 있기 때문입니다.

주님이 빌립을 만난 것도 그가 세례요한의 제자로서 성품이 좀 내성적이고, 비사교적이었지만 단순하고, 메시야를 발견하기를 원하면서도 찾지 못해 방황하고 있었기 때문입니다. 빌립이 나다나엘을 만났을 때 그는 "모세가 율법에 기록하였고 여러 선지자가 기록한 그이를 우리가 만났"다고 했을 때 이것은 나다나엘이 모세오경을 비롯해서 예언서를 얼마나 많이 읽고 연구했는가를 잘 말해 줍니다.

주님께서 빌립을 만나 나를 좇으라고 한 것은 책이나 남에게 들어서가 아니라 개인적으로 직접 만나 보라는 뜻입니다.

(2) 영혼에 대한 사랑과 관심이 있었기 때문

빌립과 나다나엘이 다른 영혼에 대한 사랑과 관심이 있었기 때문입니다.

본문 45절에 보면 빌립이 주님을 만난 후에 가장 먼저 찾아 간 것이 나다나엘이었습니다. 오늘날도 영혼에 관한 관심이 많은 사람들을 주님은 '나를 좇으라'고 하시면서 부르십니다.

(3) 편견에 사로잡혀 있기 때문

빌립은 아직도 편견에 사로잡혀 있었기에 바로 잡아 주시기 위해서입니다.

46절에 보면 "나사렛에서 무슨 선한 것이 날 수 있느냐"고 한 것은 나다나엘의 편견입니다. 나다나엘은 성경을 많이 연구한 결과 메시야가 베들레헴에서 태어나는 것으로 알고 있었기 때문입니다(미5:2). 그래서 나사렛에서 무슨 선한 것이 날 수 있느냐고 물은 것입니다.

(4) 약속된 메시야를 믿고 기다렸기 때문

주님께서 나다나엘을 향해 "보라 이는 참 이스라엘 사람이라"고 한 것은 왜일까요?

그가 구약에 약속된 메시야를 믿었고 그 메시야를 기다렸기 때문입니다. 메시아의 오심을 기다리는 자들에게 주님은 찾아오십니다. 나를 좇으라고 하십니다.

(5) 주님께서 나다나엘을 만나주신 것은?

그가 유대인들이 흔히 하듯이 무화과나무 아래에서 기도하며 말씀을 묵상하고 있었기 때문입니다. 주님을 참으로 만나기를 원하십니까? 그러면 말씀을 찾으십시오. 기도 가운데서 찾으십시오. 주님은 찾으시는 분에게 만나 주십니다.

2. 나를 좇으라는 말의 뜻

크게 두 가지의 뜻이 있습니다.

(1) 와서 배우고 제자가 되라는 뜻입니다.

(2) 함께 있으면서 교제도 하고, 모든 면에서 그 분을 닮으라는 것입니다.

무엇을 본받아야 합니까?

첫째 도덕적으로 인격적으로 주님을 본받아야 합니다.

둘째 신앙적으로 본받아야 합니다.

주님은 하나님이시면서도 성자이기에 성부 되신 하나님께 십자가에 달리시기까지 순종했습니다.

3. 예수님이 나를 좇으라고 할 때 우리는 어떻게 해야 하나?

빌립은 자신만 나온 것이 아니라 함께 메시야를 찾고 있던 나다나엘까지 데려왔습니다.

나다나엘은 좀 신중한 사람이었습니다. 그는 성경적으로 보다 확실한가를 확인하고 싶었습니다. 그러자 빌립은 구약에 예언된 바로 그분을 만났다고 소개한 것입니다. 그것도 길게 설명한 것이 아닙니다. 구약에 예언된 분을 내가 만났습니다. 너도 와보라는 아주 간단한 말씀으로 말한 것입니다. 나다나엘이 주님에게 나아갔을 때 그는 주님이 자신을 알고 있다는 것을 보고 놀랐습니다. 48절에 어떻게 나를 아시나이까? 하고 물었던 것입니다. 주님은 신적 권능으로 알았고 게다가 나다나엘의 마음까지 읽고 계셨던 것입니다.

나으니라

(전4:1-6)

우리에게 가장 좋은 것은 최상급이고, 그 다음에는 비교급의 삶입니다. '나으니라'는 말씀은 비교급입니다. 우리에게는 최상급의 삶이 그리 많지 않습니다. 대부분의 경우는 비교급입니다. 중요한 것은 비교급일 때 어떤 것이 더 나은지를 분별하는 지혜와 분별한 후에는 그것을 실천에 옮기는 결단과 실천 후에는 이루어질 때까지 기다리는 인내가 필요합니다.

1. 비교급의 삶에서 중요한 것은?

(1) 비교하는 '표준'이 정확해야

그런데 많은 사람들은 자기의 경험에 비추어 결정합니다. 그래서 항상 지난 뒤에야 후회합니다.

(2) 그 '결과'가 좋아야

비교할 때 그 결과가 좋아야 하는데 그것은 경험에서 나오고, 지혜에서 나옵니다. 전도서도 잠언과 마찬가지로 지혜서의 일부입니다. 그러므로 이 말씀에서 인생의 지혜를 얻어야 합니다.

(3) '열매'를 따라 결정해야

열매는 잎이 무성하다고 많이 맺혀지는 것은 아닙니다. 꽃이 아름답다고 맺혀지는 것도 아닙니다.

(4) '오래 지속되어야'

우리는 근시안적일 때가 많습니다. 그러나 긴 안목을 가지고 보아야 합니다. 길게 보지 못하고 눈앞의 것만 보고 결정하면 시간이 지나면서 점점 잘못되게 됩니다.

2. 무엇을 비교하는가?

(1) 학대하는 자와 학대를 받는 자 비교(1절).

학대하는 자는 권세가 있는 자들입니다. 그들은 기득권을 가진 사람들이고 학대를 받는 자는 간단히 말하면 약자들입니다. 그들에게는 눈물만 있고 위로자가 없습니다.

(2) 산자와 죽은 자 비교(2절).

솔로몬은 산 자보다 죽은 자가 더 낫다고 했습니다. 출생한 자보다 출생하지 아니한 자가 더 낫다고 했습니다(3절). 그런데 모세는 그의 시에서 "우리의 연수가 70이요, 강건하면 80이라도 그 연수의 자랑은 수고와 슬픔뿐이요 신속히 가니 우리가 날아가나이다."(시90:10)라고 했습니다. 세상에 태어나서 혹 남에게 폐만 끼치고 사는 삶은 차라리 태어나지 않은 것만 못합니다.

(3) 경쟁에서 이기는 자와 지는 자 비교

솔로몬은 경쟁에서 이기는 것이 반드시 좋은 것만은 아니라고 합니다. 왜냐하면

첫째 수고가 더 많습니다.

둘째 교묘하게 해야 합니다.

셋째 시기 질투를 많이 받습니다.

세상에 살면서 때로는 져줄 줄도 알아야 합니다. 그것이 오히려 지혜이기도 합니다. 그것은 양보의 미덕이지 수치가 아닙니다.

3. 나은 것이 무엇인가?

한 손에만 가득하고, 평온하게 사는 것이 두 손에 가득하고 수고를 많이 하는 것보다 낫다는 것입니다.

왜 그럴까요?

두 손에 가득한 사람은 더 좋은 것이 있을 때 받을 수가 없습니다. 그러나 한 손에만 가득한 사람은 더 좋은 것이 있을 때 받을 수가 있습니다. 다시 말하면 '여유가 있는 삶'을 삽니다. 얼마나 지혜로운 삶입니까. 옛날 말에 지나친 것보다는 모자라는 것이 낫다는 말은 이러한 경우에 해당하는 말입니다.

나은 것을 택하라

(전7:1-10)

인생이란 끝없는 선택의 연속입니다. 그리고 그 선택에 따라서 결과도 달라집니다. 그러므로 성공이란 선택을 바로 하는 데 있습니다. 지혜서인 전도서는 우리에게 참 지혜를 주고 있습니다.

1. 명예가 돈보다 낫다(1절).

"아름다운 이름이 보배로운 기름보다 낫고" 여기서 아름다운 이름이란 명예를 의미하고, 보배로운 기름이란 당신에는 부의 상징으로, 현대적인 말로 하면 돈을 말합니다.

왜 그럴까요? 물론 돈도 중요하지만, 그러나 돈은 어떻게 사용하느냐에 따라 가치가 나기도 하고, 안 나기도 합니다. 명예란 이미 돈을 바로 사용하여 얻기도 하고, 봉사를 바로 하여 얻기도 하고, 그래서 명예는 열매요 돈은 수단일 뿐이기 때문에 명예가 더 낫다는 것입니다.

2. 초상집에 가는 것이 잔치 집에 가는 것보다 낫다(2-5절).

왜 그럴까요?

아무리 무식한 사람이라도 초상집에 가면 인생이란 이런 것이구나 하고 많이 생각하게 됩니다.

첫째 인생이란 짧은 것이구나.

둘째 돈 많아 보았자 별것 아니구나.

셋째 허무한 인생 부끄럽지 않게 살아야지 하고 생각하게 됩니다.

그러나 닭이나 돼지들의 도살장에 가보면 불과 몇 분후에 자기의 죽는 차례가 기다리고 있는데도 서로 먹으려고 순서를 가지고, 싸우고, 더 많은 양을 먹으려고 다투는 것을 볼 수 있습니다. 먹은 것이 소화도 되기 전에 죽는 것을 모르고 있는 것입니다. 그러나 사람은 생각을 합니다.

3. 조심하는 것이 성급함보다 낫다(8-10절)

한국 사람의 가장 큰 특징이 무엇이냐고 외국 사람들에게 물어보면 '빨리 빨리'라고 합니다. 너무 성급하다는 것이지요. 그러나 중국 사람들은 '만만디의 철학'입니다. 그러나 성경은 조심하는 것이 성급함보다 낫다고 했습니다. 참는 마음이 성급한 마음으로 노를 발하는 것보다 낫다는 것입니다.

사기 당하는 사람들을 보면 거의가 친구들에게 당합니다. 아주 가까운 친구는 아니고, 그저 인사하고 지내는 정도의 친구를 통해서 성급하게 투자를 해서 사기를 당합니다. 사람의 겉과 속은 알기가 힘듭니다. 그런 친구들의 말에 귀를 기울이고, 자기의 전공분야도 아닌 곳에 투자를 해서 몽땅 날리는 경우를 볼 수 있습니다.

선택은 성공 여부에 가장 중요합니다.

유대인들은 결혼할 때 며느리의 선택을 중시했습니다. "악처는 백년의 흉작이라." 그러나 더 중요한 것이 있습니다. 그것은 종교의 선택입니다.

날을 갈지 아니하면

(전10:5-11)

1. 왜 평소에 날을 갈아야 하는가?

두 가지 이유가 있다고 했습니다.

첫째 힘이 더 든다는 것이고

둘째 날을 갈면 성공하기에 유익하기 때문이라고 했습니다.

저는 시골에서 자랐기 때문에 풀을 베는 일이 많았습니다. 소의 꼴을 위해서, 산에서 나무하기를 위해서, 논두렁이나 밭 둘레의 풀을 베기 위해서 항상 시간이 있을 때면 낫을 숫돌에 갈았습니다. 남들은 쉬어도 나는 낫을 갈면서 일을 했습니다. 학생 때에도 평소에 수험을 위해 항상 준비를 했습니다. 사역을 위해서도 남들보다 더 일찍 일어나서 하나님의 말씀도 더 많이 묵상했습니다. 감당해야 될 일들을 위해서 기도도 더 많이 했습니다.

매일의 일과를 위해서 날을 갈아두는 준비를 한 것입니다. 이러한 것들이 성공의 비결이기도 합니다.

2. 말씀이 주는 진리

이 말씀이 우리들에게 주는 진리는 무엇일까요? 어떻게 이 말씀을 우리의 삶에 적용하여야 할가요?

(1) 삶을 위해 기도로 하루를 준비해야

매일의 삶을 위해서 기도로 하루를 준비해야 힘이 덜 들고 성공할 수 있다는 것입니다.

(2) 자기 사명이 무엇인지 인식

자신의 사명이 무엇인지 항상 살피면서 가정생활에 대한 준비, 직장에서의 준비, 무엇보다도 매일 말씀을 읽으면서 오늘의 할 일이 무엇인지 멀리 보면 내가 해야 할 일의 준비가 무엇인지 보입니다.

(3) 신중히 준비하는 습관이 되어야

일을 시작하기 전에 항상 신중히 준비하는 습관을 길러야 합니다.

별안간 준비는 안 됩니다. 습관이 되어야 합니다. 그러므로 좋은 습관을 만들고, 나쁜 습관은 버려야 합니다. 술 마시는 습관, 담배 피우는 습관, 늦게 일어나는 습관, 남을 비난하는 습관, 항상 어두운 면만 보는 습관을 버려야 합니다.

(4) 후회하지 않도록 죽음을 준비

나의 종말이 언제 올지라도 후회함이 없도록 항상 죽음을 준비하는 것입니다. 왜냐하면 주님께서

"이러므로 너희도 예비하고 있으라, 생각하지 않은 때에 인자가 오리라"(마24:44)고 말씀했기 때문입니다. 그것은 매일을 종말론적 삶을 사는 것을 말합니다. 하나님 앞에서의 삶, '코람데오'의 삶을 사는 것을 말합니다. 그것이 구체적으로 무엇입니까? 그것은 슬기로운 다섯 처녀처럼 항상 기름을 준비하는 생활입니다.

내 손에 있는 것은?

(전5:13-17)

1. "그 손에는 아무 것도 없느니라"(14절).

자녀들을 낳고 나서 기뻐합니다. 그러나 돈을 많이 들여 공부시키고 결혼시키고 나면 날개에 털이 난 새처럼 날아가 버리고 맙니다.

물론 부모에게 재산이 있고, 명예가 있고, 무엇이 있을 때에는 돈 냄새 맡고, 그 주변에 계속 날아들지만 사실은 이미 날아간 새입니다. 자녀는 날개에 털이 생기고, 날아갈 힘만 생기면 자기의 짝을 찾아서 날아가도록 되어 있습니다. 그래서 '품안에 자식'이라는 말이 있습니다.

2. 인생은 빈손으로 왔다 빈손으로 가는 것

재물도 죽을 때에는 다 두고 가기 때문에 인생이란 빈손으로 왔다가 빈손으로 가는 것입니다.

본문에서 보면 솔로몬은 "수고하여 얻은 것을 아무것도 손에 가지고 가지 못하리니"라고 했습니다.

3. 모든 수고가 유익이 없음

세상의 모든 수고가 다 바람을 잡는 것과 같이 아무런 유익이 없다는 것입니다(16절).

지금 우리가 무엇을 위해서 수고합니까?

자녀와 재물과 명예와 인기입니다. 그러나 이 모든 것은 다 어떻게 왔든지 다 그대로 가리라고 했습니다. 자식도 가고, 재물도 가고, 명예도 가고, 인기도 갑니다. 새처럼 날아갑니다. 이 땅에 영원한 것은 없습니다. 있다면 그것은 이 땅에 영원한 것은 없다는 진리뿐입니다. 한평생을 거의 보내고, 뒤를 돌아보면 남은 것은 마치 재처럼 낡은 사진들만 즐비할 뿐인 것을 발견하게 됩니다.

4. 인생이란 무엇인가?

17절에 답이 나옵니다 "일평생을 어두운 데서 먹으며 번뇌와 병과 분노가 저에게 있느니라." 일평생이란 것은 번뇌와 병과 분노라는 것입니다. 이 세 가지가 있을 뿐입니다. 과연 인생에게는 항상 번뇌가 있고, 병이 있고, 분노가 계속됩니다.

그러면 우리는 어떻게 해야 합니까? 한탄과 한숨만 쉬다가 죽을 것인가요? 그럴 수는 없습니다. 이런 속에서도 참 기쁨과 평안과 영생의 길이 있습니다. 그것은 좁은 길이요 좁은 문입니다. 그러나 좁은 문인 예수님을 통해서 우리들에게 영원으로 들어가게 하였고, 이 땅에 사는 동안 참 평안과 기쁨을 누릴 수 있도록 길을 열어주었습니다. 12:1절에서 "너는 청년의 때, 곧 곤고한 날이 이르기 전, 나는 아무 낙이 없다고 할 때가 가깝기 전에 너의 창조자를 기억하라"고 했습니다. 그러므로 허무한 인생 속에서 오늘도 창조자인 하나님을 기억하면서 살아야 합니다.

내 직분을 영광스럽게 여기노니

(롬11:13-18)

교회는 그리스도의 몸이라고 했습니다. 이 몸에는 여러 가지의 역할이 있습니다. 입, 눈, 팔과 다리, 척추, 머리 등등. 크고 작은 것들이 있지만 그 중요성은 크기에 따라 결정되지 않습니다. 그리고 결국은 온 몸은 항상 서로 협동 작업을 합니다. 이것이 교회입니다.

1. 직분의 의미

그리스도는 머리이고 우리는 몸이기 때문에 머리의 지시를 따라 역할을 분담하는 것이 바로 직분입니다. 놀라운 것은 하나님께서는 직분자들에게 은사를 주십니다. 능력을 주십니다. 어떤 분들은 자기는 능력이 없어서 직분을 감당할 수 없다고 말합니다. 이것은 겸손이기도 하지만 또 한편으로는 하나님께서 우리들에게 직분을 주시고, 능력을 주신다는 것을 믿지 않는 것이기도 합니다.

2. 직분의 종류

교회에는 항존 직과 임시직이 있습니다.

(1) 항존 직

항존 직에는 목사와 장로와 집사가 있습니다.

(2) 임시직

임시직에는 권사와 서리집사와 권찰이 있습니다.

항존 직만이 중요한 것이 아닙니다. 다 중요합니다.

3. 직분 받은 자의 사명

(1) 사명감이 있어야

직업을 영어로 calling이라고 하는 것은 천직으로서의 사명감을 가지라는 뜻입니다.

사명감을 가진 사람의 특징은 자기의 직분을 영광스럽게 여깁니다. 저희 집사람은 집사가 되는 것을 소원했다지만 불가능합니다. 더욱이 권사를 하늘처럼 생각하는데 제가 죽어야 받을 수 있는데 그렇다고 아내에게 권사 직을 받게 하려고 죽을 수도 없고…. 그런데 권사님들 가운데 그 직분을 귀하게 생각하지 않는 분들도 더러는 있습니다.

(2) 충성을 다해야

고전4:1-2절의 말씀대로 충성을 다해야 합니다. 주님의 구원사역에 동참하는 자로서 충성해야 합니다.

(3) 잘나서 직분 받은 것이 아님

내가 잘나서 직분을 받은 것이 아닙니다. 그러므로

첫째는 겸손해야 합니다. 18절에 "자긍하지 말라"고 했습니다.

둘째는 인자한 마음을 가져야 합니다.

셋째는 인내심을 가져야 합니다.

넷째는 믿음으로 감당해야 합니다.

다섯째는 천국의 소망을 가지고 사명을 감당해야 합니다.

4. 직분 받은 자에게 주시는 축복

(1) 생명의 면류관을 줌

계 2:10절에 나오는 생명의 면류관을 주십니다.

(2) 세 가지 축복

마 25:21절에 있는 대로

첫째 인정하심을 받고,

둘째 더 많은 것으로 맡겨주시고,

셋째 주인의 즐거움에 참여하게 됩니다.

내가

(전2:12-17)

본문에 보면 '내가'라는 말이 많이 나옵니다. 내가 없는 세상은 무의미합니다. 내가 없는 세상은 재미가 없습니다. 내가 세상의 중심도 아니고, 내가 전부도 아니지만 그러나 내가 중요합니다.

1. 지혜와 망령됨과 어리석음

솔로몬은 "지혜와 망령됨과 어리석음을 보았나니" 12절에서 무엇이라고 합니까?

솔로몬은 그의 후임자가 무엇을 할까 하고 생각해 보았던 것입니다. 기껏해야 앞서 다스리던 왕이 "행한 지 오랜 일일뿐"인 것, 즉 한다는 것이 이미 하던 일의 반복뿐임을 본 것입니다.

2. 모두가 일반임

14절에 보면 정말 절망적입니다.

슬기로운 사람은 자기의 앞을 봅니다. 어리석은 사람은 어둠 속에서 헤맵니다. 그러나 마지막에는 "일반인 줄을 내가 깨달았노라"는 것입니다. 달라야 하는데 똑같다는 것입니다. 똑같이 죽고, 똑같이 잊혀지고, 똑같이 사라지기 때문입니다. 16절에서 말씀하고 있습니다. "지혜 자나 우매 자나 영원토록 기억함을 얻지 못하나니".

3. 세상 모든 일은 다 해 아래서 하는 일

그런데 솔로몬은 해 아래서 수고하는 모든 것이 첫째 "괴로움이요", 둘째 "다 헛되어 바람을 잡으려는 것임이로다"고 고백했습니다. 그러나 우리는 이 구절만으로 허무주의에 빠져서는 안 됩니다. 모든 것을 비관적으로 보아서도 안 됩니다. 솔로몬의 극단적 허무주의와 비관주의적인 표현은 그 다음에 오는 긍정과 영원한 것을 위한 '중간 과정일 뿐'입니다. 긍정을 위한 전환점입니다. 이것을 모르고는 전도서를 바로 이해하기 힘듭니다.

2:12절 이하에 나오는 '내가'라는 말의 반복에 우리는 주목해야 합니다. 그의 체험을 말하기 위해서입니다. 그것이 결론도 아니고, 하나님의 말씀도 아닙니다. 그의 체험적 고백인 것입니다.

내가 없는 세상이 무의미하고 내가 없는 곳에서의 기쁨이 나와 관계가 없지만, 그러나 우리는 모두가 '내가' 영원한 줄에 끌려감을 발견하고, 느끼고, 믿고 살아가야 합니다.

내가 너와 함께 하여

(사43:1-6)

요 15:15절에 보면 주님께서 우리들을 향하여 "너희를 친구라 하였노니"라고 말씀했습니다.

1. 우리와 함께 하는 주님은 어떤 분이신가?

① 창조자(43:1).

② 구속(구원)자(43:1)

　　"네 구원자"(43:3).

③ 침몰하지 않고, 타지도 않게 보호하여 주시는 분(43:2).

④ 우리의 하나님(43:3).

⑤ 보배롭고 존귀하게 여기는 분(43:4).

⑥ "너를 사랑하였은즉"(43:4).

⑦ 멀리서 오게 하시고 모으시는 분(43:5).

　　"땅 끝에서 오게 하라"(43:6).

2. 주님과 함께

그러면 어떤 축복을 주시는가?

① 주님이 우리들을 보배롭게 존귀히 여기신다.

② 우리를 보호 하신다.

③ 우리를 승리케 하신다.

④ 구원하여 주신다.

3. 주님과 함께 하려면?

① 기도생활이 있어야 합니다.

② 하나님의 말씀을 청종하여야 합니다.

③ 주님의 도구가 되어야 합니다.

④ 전적으로 주님을 의지하여 합니다.

⑤ 오직 주님의 영광만을 위하여야 합니다.

내가 너희를 택하여 세웠나니

(요15:12-17)

1. 인생은 끝없는 선택의 연속

선택할 때 가장 중요한 것은 무엇입니까?

복의 근원이 되신 하나님을 택하는 것입니다. 우리를 구원해 주시는 주님을 택하는 것입니다. 그러면 다른 것은 다 저절로 해결이 됩니다. 그러므로 선택 중에서 중요한 것은 보다 근본적인 것을 선택하는 것입니다. 그런데 삶에 있어서는 사랑보다 더 귀한 것은 없습니다.

사랑은 운명이 아니고 선택입니다. 왜냐하면 모든 것을 사랑할 수는 없기 때문입니다. 따라서 다른 것을 버려야 하는 희생이 없이는 사랑은 안 됩니다.

하나님이 인간을 창조하신 후에 아담에게 이성을 준 것은 자유와 함께 선택권을 준 것입니다. 그러나 아담은 선악과를 따먹는 어리석은 선택을 하였습니다. 중요한 것은 선택에는 책임이 따른다는 점입니다. 그 결과 아담은 자기의 후손들에게 원죄를 유행병처럼 전달하고야 말았습니다.

2. 우리 믿음은 우리의 선택이 아님

우리가 주님을 믿게 된 것은 우리의 선택이 결코 아님을 알아야 합니다.

"너희가 나를 택한 것이 아니요"(16절)라고 하였습니다. 그런데 우리는 내가 기독교를 택하였고, 내가 교회를 택하였고, 내가 목사를 택하였다고 착각하고 있습니다. 그러나 이런 선택은 다 주님의 예정 속에서 이루어진 것입니다. 그래서 하나님께서 나를 택한 것입니다.

자기가 택하였다고 생각하는 사람들은 자기 마음대로 하지만, 하나님께서 택하셨다고 생각하는 사람은 절대로 자기 마음대로 하지 않고 하나님의 뜻에 순종합니다.

성경은 분명하게 하나님께서 우리를 택하였고 직분자로 세워주셨다고 했습니다. 그러므로 이것은 우리의 삶의 목적이 바로 우리를 택하여 세우신 분을 위해서 살아야 한다는 뜻입니다.

3. 주님이 우리를 택하여 세우신 목적은?

(1) 기쁨을 충만하게 하려 함

"너희 기쁨을 충만하게 하려 함이니라"(11절).

주님이 우리들에게 원하는 것은 기쁨의 삶입니다. 따라서 우리가 슬퍼하고 괴로워하는 것은 주님의 뜻이 결코 아닙니다.

(2) 너희로 과실을 맺게

"이는 너희로 가서 과실을 맺게 하고"(16절).

인간의 목적은 열매를 맺는데 있습니다. 그런데 성도들은 성령의 열매를 맺어야 합니다. 육체의 열매는 세상 사람들이 맺어야 할 열매이지 성도가 맺어야 할 열매는 결코 아닙니다.

(3) 과실이 항상 있게

"또 너희 과실이 항상 있게 하여"(16절).

세상의 과실은 대개 여름에 맺습니다. 그리고 가을이면 열매가 익습니다. 그러나 성도들의 열매는 생활과 삶 속에서 항상 맺어야 합니다.

주 안에 거하는 생활을 할 때 우리는 항상 열매를 맺을 수 있습니다.

(4) 무엇을 구하든지 다 받게

"내 이름으로 아버지께 무엇을 구하든지 다 받게 하려함이니라"(16절).

하나님은 우리들에게 필요한 모든 것을 만드시고, 필요할 때마다 언제나 쓸 수 있도록 그 열쇠를 우리들에게 주셨습니다. 그 열쇠가 바로 기도의 열쇠입니다. 그러므로 필요할 때마다 기도의 열쇠로 천국 창고에 쌓여 있는 보화들을 사용하여야 합니다.

4. 주님을 택한 자들에게 주시는 축복은?

(1) 주님의 사랑을 받음

9절에 "아버지께서 나를 사랑하신 것같이 나도 너희를 사랑하였으니"라고 했습니다.

(2) 주님의 친구가 됨

15절에 "너희를 친구라 하였노니"라고 했습니다. 친구의 특징은 종과는 달리 주인이 모든 것을 다 알게 하여준다고 했습니다.

(3) 서로 사랑하게 함

17절에 "내가 이것을 너희에게 명함은 너희로 서로 사랑하게 하려 함이로다"라고 하였습니다.

내가 새벽을 깨우리로다

(시57:7-9)

1. 인생의 두 가지 리듬

(1) 저녁을 중심으로 하는 리듬

"역사는 밤에 이루어진다."

아닌 게 아니라 인간의 모든 정치사를 보면 밤을 중심으로 이루어집니다. 밤은 몰래 비밀리에 만나서 음모를 꾸미기에 좋은 시간이기 때문입니다.

(2) 새벽을 중심으로 하는 리듬

사실 하나님의 역사는 새벽에 이루어집니다. 막 1:35절에 보면 "새벽 오히려 미명에 예수께서 일어나 나가 한적한 곳으로 가사 거기서 기도하시더니"라고 주님의 새벽을 중심으로 하는 리듬을 말씀하고 있습니다.

성경에 보면 하나님의 기적들이 새벽에 많이 일어난 것을 볼 수 있습니다.

출 14:24절에 "새벽에 여호와께서 불기둥 구름기둥 가운데서 애굽 군대를 보시고, 그 군대를 어지럽게 하시며"라고 했습니다. 또 만나를 주신 것도 새벽이었습니다. 예수님의 부활도 새벽이었습니다.

2. 새벽을 깨우는 이유

기도를 흔히 영혼의 호흡이라고 비유합니다. 왜 그럴까요? 호흡처럼 절대적으로 중요하기 때문입니다. 호흡은 공기 중에 있는 21%의 산소를 폐로 보내고, 폐에서 다시 혈액으로 보내어 여러 가지 일을 합니다. 만약 8분 동안 산소가 공급되지 않으면 뇌가 썩고 맙니다. 독일의 암연구로 노벨상을 받은 발브르크는 산소가 부족하면 암이 생긴다고 했습니다. 일본의 노구치 히데오는 만병의 근원이 산소 부족에서 온다고 했습니다.

이처럼 기도가 없는 것이 성도들의 영적 병의 근원이 됩니다.

(1) 기도로 우리의 영혼이 살고 승리

우리가 기도를 해야 우리의 영혼이 살고, 승리합니다.

(2) 새벽에 하나님이 도우심

시 46:5절에 "새벽에 하나님이 도우시리로다"고 했습니다.

(3) 주님과 교통

주님과 교통해야 하기 때문입니다.

(4) 하루를 시작하기 위해서

남보다 먼저 하루를 시작하기 위해서입니다.

3. 새벽을 깨울 때의 열매

(1) 주님과 동행

주님과 동행하기 때문에 가는 곳마다 놀라운 기적이 일어납니다.

(2) 보다 많은 준비

남보다 먼저 일어나기 때문에 매일, 매일 보다 많은 준비를 하게 되어 하나님의 귀한 축복을 받을 수 있습니다.

우리가 복 받는 비결은 바로 그릇 준비를 하는 것입니다.

(3) 사탄이 시험하지 못함

새벽부터 기도하며 무릎으로 사는 사람에게는 사탄이 시험하지 못합니다. 사탄은 언제나 게으른 사람과 친하고 가깝게 지냅니다.

(4) 능력 있는 사람이 됨

새벽을 깨우는 사람이 바로 능력의 사람이 되어 승리하는 삶을 삽니다.

너는 나를 따르라

(요21:18-23)

예수께서 부활하신 후에 그의 제자들은 무엇을 해야 할지, 어떤 일부터 착수해야 하는지 알지 못했습니다. 그런 때에 주님은 '나를 따르라'고 말씀했습니다.

눈이 많이 왔을 때 어디가 길인지 알 수가 없을 때가 있습니다. 이런 때에 누군가 앞에 가면서 발자국을 남기면 뒤에 가는 사람이 쉽게 갈 수가 있습니다. 이처럼 우리는 앞서 가시는 주님을 따라 가면 되는 것입니다.

1. 나를 따르라는 의미

(1) 주님을 본 받으라는 말

과연 주님이 나와 같은 입장에 있다면 주님은 어떻게 하실까? 하면서 우리는 모든 일에 주님을 표준으로 생각해야 합니다. 왜냐하면 주님은 모든 시대의 모든 사람들에게 영원한 모범이고, 표준이고 목적이기 때문입니다.

(2) 주님과 동행하라는 뜻

주님과 동행하면 먼저 외롭지 않습니다. 우리를 유혹하는 자들에게 속아 넘어가지 않습니다. 무능하게 주저앉지 않습니다. 날마다 승리하는 삶을 살 수가 있습니다. 그러므로 주님과 동행해야 합니다.

2. role model로서의 예수님.

(1) 사랑의 모델

요 13:34절에 "새 계명을 너희에게 주노니 서로 사랑하라. 내가 너희를 사랑한 것같이 너희도 서로 사랑하라"고 하신 것처럼 우리들도 서로 사랑해야 합니다.

주님의 사랑은 작게는 제자들의 발을 씻기신 것을 통해서 알 수 있고 크게는 십자가를 통해서 잘 나타났습니다. 사랑의 실천에 있어서 가장 대표적인 말씀은 마 7:12절에 "그러므로 무엇이든지 남에게 대접을 받고자 하는 대로 너희도 남을 대접하라"는 말씀입니다.

(2) 믿음의 모델

주님은 하나님을 믿었고, 그의 말씀을 항상 묵상하며 따랐습니다. 그래서 주님의 생애에는 구약의 예언을 이룬 것입니다. 우리는 예수님처럼 믿어야 하고, 예수님처럼 믿음의 삶을 살아야 합니다.

(3) 겸손의 모델

빌 2:5절에 "너희 안에 이 마음을 품으라, 곧 그리스도 예수의 마음이니." 예수님은 하나님이시지만 하나님과 동등 됨을 취할 것으로 여기지 않으시고 오히려 자기를 비워 종의 형체를 가졌다고 했습니다. 우리는 예수님처럼 낮아져야 합니다.

(4) 순종의 모델

예수님은 십자가를 지시기까지 하나님의 뜻에 복종했습니다. 빌 2:8절에 보면 "사람의 모양으로 나타나셨으매 자기를 낮추시고 죽기까지 복종하셨으니 곧 십자가에 죽으심이라"고 하였습니다.

순종은 믿음의 최고의 표현입니다. 그러나 우리들의 삶은 순종보다는 자기의 뜻을 하나님께 관철하려고 합니다. 자기중심의 삶을 삽니다. 심지어 신앙도 종이 아니라 자기중심입니다. 원의 중앙에 내가 있습니다. 그러나 주님이 중앙에 계셔야 하고, 나는 변두리로 물러나야 합니다.

(5) 기도생활의 모범

성경에 보면 주님은 얼마나 바쁘셨는지 식사할 겨를도 없으셨다고 했습니다. 그러나 그는 기도하기를 쉬지 않았습니다. 새벽기도를 누가 시작했습니까? 바로 주님이십니다. 철야기도의 창시자가 누구입니까? 바로 주님이십니다. 주님은 기도로 시작하시고 기도로 마치신 분이십니다.

너희 무덤을 열고

(겔37:11-14)

우리나라에서는 무덤을 여는 것은 큰 죄가 됩니다. 도굴범들이나 할 짓입니다. 그러나 놀라운 것은 하나님께서 우리들에게 무덤을 열라고 말씀하십니다. 무슨 뜻이 있는 것일까요?

1. 무덤의 의미

사람의 시체나 유골을 묻고 일정한 표시를 하여 두는 곳을 무덤이라고 부릅니다. 무덤이란 죽은 사람이 머무는 곳입니다. 한국 사람들은 예로부터 무덤을 중요시했는데 그것은 두 가지 이유 때문이었습니다.

첫째 영혼불멸을 믿었기 때문에 무덤을 신성시했습니다.

둘째 풍수지리설을 믿었기 때문에 후손들이 잘되기 위해서는 좋은 무덤을 써야 한다고 믿었기 때문입니다. 풍수지리설이란 산세, 지세, 수세, 등을 판단해서 이것을 인간의 길흉화복에 연결시키는 것을 말합니다. 이런 사상은 중국의 춘추전국시대에 시작해서 우리나라에서는 삼국시대 때부터 믿기 시작하였습니다.

백제가 부여를 수도로 삼은 것이나 고구려가 평양에 도읍을 정한 것도 다 풍수리지설에 의한 것이었습니다. 특별히 신라말기에 도선이란 사람은 그 대가로 유명하였습니다. 그의 책으로는 '도선비기'란 것이 있습니다. 간단히 말해서 풍수지리설은 음양오행설에 따라 집이나 무덤이 그 방위와 지형에 따라 인간의 길흉화복과 절대적으로 관계가 있다는 주장입니다. 물론 이 풍수지리설은 하나님을 모르는 무지한 사람들의 철학입니다.

그러나 한국 사람들에게 풍수지리설은 큰 영향을 주고 있습니다. 세종대왕의 묘지를 옮긴 것을 알고 계십니까? 문종이 몸이 약해 죽고, 단종이 세조에 의해 죽고, 세조도 13년 만에 피부염으로 죽고, 예종도 몇 년 안 되어 죽고, 불과 20년 동안에 4왕이 죽었습니다. 그래서 묘지를 오늘의 무덤으로 옮기자 그 후 왕들이 장수하기 시작했다는 주장입니다.

그러면 무덤의 특징은 무엇입니까?

무덤에는 산 사람은 없고 죽은 사람들의 시체가 있을 뿐입니다. 따라서 무덤은 썩어 냄새나고, 더러운 곳이기 때문에 깊이 덮어두는 것입니다. 역사를 보면 모든 사람들은 다 나름대로의 무덤이 있습니다. 물론 전쟁으로 인해서 숲 속에서 이름 없이 죽어간 사람들이나 불에 타서 무덤도 없는 사람도 있지만, 그러나 다 흙이 되어 있기 때문에 형태는 다르지만 다 무덤이 있는 것입니다. 무덤은 우리가 머무는 마지막 집입니다. 그 집은 부활할 때 비게 될 것이고, 그 이전에는 냄새나는 시체와 이미 흙이 되어 형체도 없는 상태로 있을 것입니다.

2. 무덤은 언제 열리는가?

주님이 재림할 때 모든 무덤은 열리게 된다고 했습니다. 심지어 불신자들까지도 다 무덤에서 나와 육체가 부활을 하게 될 것입니다. 그때까지는 형태야 있든 없든 다 닫혀 있게 됩니다. 육체부활을 믿는 것이 기독교의 특징입니다.

인간은 누구나 다 영육 간에 죄를 짓기 때문에 불신자도 영육 간에 심판을 받아야 하므로 육체 부활을 하는 것이고, 신자들은 영뿐 아니라 육체까지 영광을 누려야 하기 때문에 육체 부활을 하는 것입니다.

그러면 왜 예수님께서 재림하실 때 무덤 문이 열리는가?

그것은 계시록 1:18절에서 "사망과 음부의 열쇠를 가졌노니"라고 했기 때문입니다.

3. 영적으로 무덤에 묻혀 있는 사람들

그러나 문제는 이 세상에 살면서도 영적으로 무덤에 묻혀있는 사람들이 있다는 점입니다. 그러므로 우리는 그들을 무덤에서 나오도록 해야 합니다.

중요한 사실은 오직 하나님만이 우리들의 무덤의 문을 열고, 우리들을 나오게 해서 돌아오게 해주십니다. 왜냐하면 예수님만이 음부의 열쇠를 가지고 있기 때문입니다. 이 말은 두 가지 뜻을 가집니다.

(1) 예수님을 믿고 거듭남

영적으로는 우리가 예수님을 믿고 거듭나게 되면 영적으로 죽었던 우리들이 육체란 무덤에서 나와 영적으로 산 사람이 됩니다. 그래서 하나님과의 관계가 회복되어, 사람다운 사람의 삶을 살게 됩니다.

(2) 영적으로 죽은 자들에게 자유를

하나님을 알지 못하고, 믿지 않는 사람들은 그 영혼이 육체란 무덤에 갇혀 있기 때문에 우리들은 그들을 해방시켜야 합니다. 참 자유 함을 받도록 해야 합니다.

너희가 알 것은

(행13:36-41)

1. 지식의 중요성.

(1) 솔로몬

솔로몬은 "지혜 있는 자는 강하고 지식 있는 자는 힘을 더하나니"(잠24:5)라고 하였습니다.

(2) 호세아

호세아는 "내 백성이 지식이 없으므로 망하는도다. 네가 지식을 버렸으니 나도 너를 버려 내 제사장이 되지 못하게 할 것이요, 네가 네 하나님의 율법을 잊었으니 나도 네 자녀들을 잊어버리리라"(호4:6)고 했습니다.

(3) 주님

주님은 지식이 바로 영생이라고 했습니다. "영생은 곧 유일하신 참하나님과 그의 보내신 자 예수 그리스도를 아는 것이니라"(요17:3).

2. 우리는 무엇을 알아야 하나?

(1) 먼저 '죄 사함의 원리'를 알아야

아담 이후 모든 인간은 죄로 인하여 죽음을 경험하게 됩니다. 그러나 성경에 보면 에녹과 엘리야는 죽음을 보지 않고 승천하였다고 했고, 예수님은 부활하신 후에 승천하였습니다. 모든 사람을 죽게 만드는 죄의 해결은 오직 주님만이 해결해 주실 수 있습니다.

죄 문제의 해결에 인간 편에서 해야 하는 일은 회개와 믿음입니다. 내가 죄인임을 깨닫고 회개해야 합니다. 다음은 믿어야 합니다. 주님을 나의 구주로 믿고, 십자가로 말미암아 내 죄가 용서함 받았다는 것을 믿고, 하나님의 자녀가 된 것을 믿어야 합니다.

회개하고 믿으면 놀라운 변화가 생깁니다.

첫째 예수님의 의가 내 의로 전가가 됩니다.

둘째 하나님의 양자가 됩니다.

셋째 하나님의 모든 것이 나의 기업이 됩니다. 천국이 나의 것이 되고 하나님의 것이 나의 것이 됩니다.

(2) 의롭다 함을 받는 비결

의로운 자라야 하나님 앞에 설 수 있고, 하나님 나라에 갈 수가 있기 때문입니다. 마틴 루터는 의로워지기 위해서 수많은 금욕적인 행위를 실천하고 노력하였지만 하나님 앞에 설 만큼 의로워지지 못했습니다. 그런데 어느 날 시편을 연구하는 중 31:1절에서 큰 충격을 받았습니다. "주의 의로 나를 건지소서"라는 말씀이었습니다. 그리고 다시 롬 1:17절과 갈 2:16절에서 확신을 갖게 되었습니다.

"복음에는 하나님의 의가 나타나서 믿음으로 믿음에 이르게 하나니 기록된 바 오직 의인은 믿음으로 말미암아 살리라 함과 같으니라."

"사람이 의롭게 되는 것은 율법의 행위에서 난 것이 아니요 오직 예수 그리스도를 믿음으로 말미암는 줄 아는 고로 우리도 그리스도 예수를 믿나니 이는 우리가 율법의 행위에서가 아니고, 그리스도를 믿음으로서 의롭다 함을 얻으려 함이라."

세상의 모든 거짓 진리와 거짓 종교는 다 같이 인간의 행위를 강조하지만, 그러나 인간의 행위로는 의롭게 될 자는 하나도 없으며 아무도 구원을 받지 못하는 것입니다. 그리고 인간의 행위로 의롭게 되고 구원 받게 될 수 있다면 주님께서 오실 이유도 없는 것입니다.

(3) 주님 재림의 때를 알아야

그런데 성경은 아무도 재림의 때를 모른다고 하였습니다. "그러나 그 날과 그때는 아무도 모르나니 하늘의 천사들도 아들도 모르고, 오직 아버지만 아시느니라. 노아의 때와 같이 인자의 임함도 그러하리라"(마 24:36-37)고 하였습니다.

예수님의 제자들은 주님께 따로 물었습니다. 그때에 네 가지의 징조를 말씀하셨습니다(마24:4-12).

첫째 많은 사람이 내 이름으로 와서 이르되 나는 그리스도라 하여 많은 사람을 미혹케 하리라

둘째 민족이 민족을 나라가 나라를 대적할 것,

셋째 처처에 기근과 지진이 있을 것,

넷째 불법이 성함으로 많은 사람의 사랑이 식어질 것이라고 말하였습니다.

이에 대한 주님의 마지막 당부는 "그러므로 깨어 있으라, 어느 날에 너희 주가 임할른지 너희가 알지 못 함이니라"(마24:42-43)고 하였습니다.

네 종류의 십자가

(요19:17-24)

이 세상에 사는 사람은 누구든지 십자가가 다 있습니다. 다만 종류가 다를 뿐입니다. 과연 저와 여러분들이 지고 있는 십자가는 어떤 십자가입니까?

1. 예수님이 지신 대속의 십자가

이 십자가는 세상의 누구도 질 수 없는 십자가입니다. 오직 주님만이 질 수 있는 십자가입니다.

죄 없으신 주님만이 질 수 있습니다. 왜냐하면 예수님은 우리를 위해서 죽으셨기 때문입니다.

우리가 해야 할 일은 주님이 지신 십자가를 통해서 하나님과의 관계가 회복되고, 축복의 길이 환하게 열릴 수 있어야 합니다.

2. 오른쪽 강도가 진 구원의 십자가

처음에는 그도 함께 예수님을 욕했습니다(마27:44).

"네가 그리스도가 아니냐 너와 우리를 구원하라고"비아냥하였습니다. 그러나 그 후에 눅23:40-41절에 보면 "네가 동일한 정죄를 받고서도 하나님을 두려워 아니하느냐? 우리는 우리의 행한 일에 상당한 보응을 받는 것이니 이에 당연하거니와 이 사람의 행한 것은 옳지 않은 것이 없느니라"고 하였습니다.

또 42절에서 "예수여 당신의 나라에 임하실 때에 나를 생각하소서"라고 하였고 43절에 보면 즉각적인 응답을 받았습니다. "내가 진실로 네게 이르노니 오늘 네가 나와 함께 낙원에 있으리라"고 하였습니다.

3. 왼쪽 강도가 진 심판의 십자가

눅 23:39절에 보면 그는 자신이 저지른 죄로 인해서 심판을 받으면서도 끝까지 회개하지 않고, 심지어 그에게 마지막 주어진 기회마저 아무렇게나 집어 던지고 말았습니다. 주님을 괴롭히고 욕했습니다.

"네가 그리스도가 아니냐 너와 우리를 구원하라."

누가 이런 십자가를 집니까?

첫째 믿지 않는 사람들이 심판의 십자가를 집니다.

둘째 교회에는 나오지만 형식적인 믿음을 가진 행함이 없는 죽은 믿음의 사람들이 심판의 십자가를 집니다.

셋째 유다처럼 한때는 주님을 따랐지만 결국 배신하는 사람들이 심판의 십자가를 집니다.

4. 억지로 진 구레네 시몬의 십자가

눅 23:26절에 보면 아프리카에서 올라온 구레네 시몬이 억지로 십자가를 대신 지고 갔다고 했습니다. 그는 시골에서 올라와 유월절에 참여하였다가 정말 우연히 재수 없게 붙들려 십자가를 지게 된 사람입니다. 결코 기쁜 것은 아니었을 것입니다.

그러나 억지로라도 십자가를 졌기 때문에 그에게는 큰 축복이 임했습니다. 그에게 구원과 축복이 임한 것입니다. 그는 주님의 음성을 들어본 적도 없는 사람입니다. 그러나 놀라운 것은 막 15:21절에 "알렉산더와 루포의 아버지인 구레네 시몬"이라고 소개하고 있습니다.

다시 말하면 구레네 시몬은 로마 교회에서는 아주 잘 알려질 만큼 교회의 큰 일꾼이었던 것입니다.

어떻게 그렇게 되었을까요? 그것은 억지로 십자가를 진 후에 주님을 믿게 되었고, 마침내는 그의 두 아들이 교회의 기둥이 되었다는 뜻입니다. 그러므로 혹시 우리가 억지로라도 십자가를 지더라도 큰 복을 받는다는 것을 기억해야 합니다.

네 식물을 물 위에 던지라

(전11:1-8)

1. 투자의 원리

사업에 있어서 성공의 비결의 하나는 바른 투자를 하는데 있습니다. 그러나 무조건 투자를 하면 경제적 변화는 모른 채, 돈 벌겠다고 주식에 투자했다가 망하기 쉽습니다. 그러므로 투자에는 원리가 있습니다.

(1) 통계를 통해서

통계를 통해서 그 투자한 것의 흐름을 먼저 알고, 읽을 수 있어야 합니다.

(2) 나누어 투자

투자는 나누어서 하는 것이 원칙입니다.

(3) 장기적 안목으로

단기적으로 이윤을 얻으려는 투자는 위험합니다. 그러므로 조급해서는 안 됩니다.

(4) 하나님이 기뻐하는 투자

하나님이 기뻐하는 투자여야 합니다.

2. 투자할 때 조심할 것

(1) 하나님이 증오하는 것 조심

하나님이 증오하는 것이나 염려하는 것에 투자하지 말아야 합니다.

(2) 남의 말 조심

남의 말만 믿고 투자하는 것은 가장 어리석은 일입니다.

(3) 선한 투자

투자의 목적이 선해야 합니다.

(4) 투자 이윤 사용

투자를 통해서 얻은 이윤을 하나님의 영광을 위해서 사용해야 합니다.

(5) 조급한 투자 조심

조급한 투자는 항상 실수를 합니다.

(6) 하나님과 의논

5절 마지막에 보면 "만사를 성취하시는 하나님의 일을 네가 알지 못하느니라"고 했습니다.

즉 모든 것을 할 때 하나님과 의논하고 하라는 뜻입니다.

3. 투자의 결과

(1) 주님의 제자가 됨

1절 마지막에 "여러 날 후에 도로 찾으리라"고 했습니다.

이것은 이윤을 얻게 된다는 뜻입니다. 공부하면 공부한 대로 이윤이 있고, 건강을 위해서 노력하면 그 이윤이 반드시 있습니다. 누가복음 5장에 보면 베드로는 자기의 배를 예수님께서 사용할 수 있도록 투자했습니다. 그 결과 주님의 제자가 되는 축복을 얻게 되었습니다.

(2) 성장의 축복 얻음

인생은 마치 수영하는 것과 같아서 앞으로 나가지 않으면 그 자리에 그냥 있는 것이 아니라 뒤로 후퇴하게 됩니다. 그러므로 계속해서 우리는 투자를 해야 합니다. 시간을 투자하고, 재능을 투자하고, 정성을 투자해야 앞으로 나아갑니다.

(3) 착하고 충성된 종

하나님 앞에서 잘 했다 칭찬을 받게 되고, 더 큰 일을 맡게 될 것입니다. 착하고 충성된 종아, 네가 작은 일에 충성하였으매 내가 큰 것으로 네게 맡기리라고 말씀하실 것입니다.

네 청년의 날을

(전11:9-10)

1. 청년의 날을 기뻐함(3뻐)

9절에 "청년의 날을 마음에 기뻐하여"라고 했습니다.

솔직히 저는 청년의 날에 마음에 기뻐하지를 못했습니다. 생존하려고 몸부림치는 시기였기 때문입니다. 당장 먹는 것이 문제였고, 어디서 자야 할지 집이 없어서 방황하였기 때문입니다. 물론 지금은 아침에 일어나면 주여 또 하루를 주시고, 코에 호흡을 주시니 감사 합니다 하고, 살아 있는 것만으로도 기뻐서 감사를 합니다.

저는 가끔 '3뻐'를 하자고 말합니다. 그것은 살아 있으니 '기뻐', 날마다 일이 많으니 '바뻐', 세상에 나와 같은 사람이 없는 얼굴을 보면서 '예뻐' 하자고 했습니다. 그러면 우리들도 항상 기뻐하는 삶을 살 수가 있습니다.

2. 마음과 눈이 원하는 대로

9절 중반에 "마음과 눈이 원하는 대로 하라"고 했습니다.

이것은 인간에게는 두 가지의 눈이 있기 때문입니다. 하나는 마음의 눈이고, 다른 하나는 육신의 눈입니다. 그러나 이 두 가지는 서로 다른 표준이 있습니다. 마음의 눈은 양심이 표준이고, 육신의 눈은 쾌락이 표준입니다. 문제는 우리가 육신의 눈을 무시할 수가 없습니다. 그렇다고 육신의 눈대로 살면 세속화되고, 마침내 타락하고 맙니다. 그렇다고 마음의 눈만을 따르기에는 우리는 성자가 아니고, 천사가 아니기 때문에 현실적으로 불가능합니다. 그러므로 육신의 눈을 가지고 살되 항상 마음의 눈이 인정하는 것을 따라 살아야 합니다. 왜냐하면 9절의 말씀처럼 "하나님이 이 모든 일로 인하여 너를 심판하실 줄을 알라"고 했기 때문입니다.

3. 청춘은 덧없이 지나감을 잊지 말아야

끝으로 혈기 왕성한 청춘은 덧없이 지나감을 잊지 말아야 합니다.

엄벙덤벙 20년, 이것저것 20년, 아차아차 20년 덧없이 지나가기 때문입니다. 그러려면 마음의 걱정과 육체의 고통을 없애야 합니다.

어떻게 없앨 수 있습니까?

(1) 하나님께 맡겨야

내 주여 뜻대로 행하시옵소서 하면서 모든 것을 하나님께 맡겨야 합니다.

(2) 마음의 눈의 판단을 믿고 따라야

마음의 눈과 육신의 눈이 서로 다른 것을 말할 때 마음의 눈의 판단을 믿고 따라야 합니다.

(3) 순종하는 삶을 살아야

내가 무엇을 이루는 것이 아니라 나는 단순히 하나님의 손일뿐임을 기억하고, 순종하는 삶을 살면 마음의 걱정과 육체의 고통이 사라집니다.

네가 누구냐

(요1:19-28)

본문의 말씀은 주님의 공생에 첫날에 일어난 일입니다.

1. 세례요한이 누구인가

예루살렘의 산헤드린에서 대표단을 구성해서 세례요한에게 보내었습니다. 그들은 세례요한이 누구인지를 확인하는 것이었습니다.

(1) 당신이 메시야인가?

첫 번째 질문은 당신이 메시야인가? 입니다.

즉 로마로부터 이스라엘을 해방시킬 자인가 하는 것입니다.

이때 세례요한은 분명하게 아니다 라고 하자 다음 문제를 내놓았습니다.

(2) 엘리야인가?

두 번째 질문은 그렇다면 엘리야인가? 하는 질문입니다.

말라기 4:5절에 "보라 여호와의 크고 두려운 날이 이르기 전에 내가 선지자 엘리야를 너희에게 보내리라"고 하였기 때문입니다. 이것은 엘리야와 같은 성격을 가진 선지자가 올 것이란 뜻이고, 그가 다름 아닌 세례 요한이었습니다.

(3) 네가 그 선지자냐?

세 번째 질문은 그러면 "네가 그 선지자냐?" 하는 질문입니다.

여기서 그 선지자는 모세를 가리키는 것입니다. 신 18:15절에 모세가 "나와 같은 선지자"가 올 것을 말하였기 때문입니다. 그런데 세례 요한은 아니라고 하였습니다. 사실 요한은 구약의 마지막 선지자입니다. 그는 메시야의 길을 준비하는 선구자입니다.

2. 내가 누구인가를 깨달을 때

인생에 있어서 내가 누구인가를 깨달을 때까지는 우리는 방황하게 되고, 무엇을 해야 할지 모릅니다. 어떤 분들은 죽을 때까지 방황하는 분들도 계십니다.

자신이 누구인지를 알게 될 때에 우리는 사명감을 갖게 됩니다. 그러므로 자신을 발견한 사람은 참으로 행복한 사람입니다.

그러면 나는 누구입니까?

(1) 하나님의 자녀

나는 모든 죄에서 용서함을 받고 하나님의 생명책에 기록된(계3:5) 하나님의 자녀입니다(요1:12). 천국의 영생을 소유한 사람입니다(요일5:13)

(2) 참 자유인

원수 사탄의 손에서 완전히 해방되어 벗어난 참 자유인입니다(갈5:1).

(3) 의인이 됨

나는 의인이 되었습니다(롬5:1).

새로운 피조물이 되었습니다(고후5:17). 율법의 저주에서 해방된 사람입니다(갈3:13). 이제 나는 성령의 인도하심을 받는 자입니다(롬8:14).

(4) 하나님이 지켜주심

지금은 하나님께서 나의 가는 모든 길에서 지켜주십니다(시91:11).

(5) 채워주심

하나님은 나의 필요를 채워주시고, 그리스도의 능력으로 말미암아 모든 일에 승리하게 해주십니다(빌4:13,19).

(6) 영광의 후사

하나님의 영광을 이어받을 후사입니다(롬8:17).

(7) 복 받음

나는 들어와도 복을 받고 나가도 복을 받습니다(신28:6).

(8) 마귀를 물리침

나에게는 원수 마귀의 모든 권세를 제어할 권세가 있습니다(눅10:19, 약4:7)

(9) 풍부한 승리자

모든 일에 넉넉히 이기는 승리자입니다(롬8:37).

3. 우리의 임무

하나님의 자녀로서 우리가 해야 할 임무가 무엇입니까?

(1) 주의 길을 곧게 하는 예비자

우리의 삶과 가정과 직장에 주님이 오셔서 다스릴 수 있도록 준비해야 합니다.

(2) 우리는 광야에서 외치는 자의 소리

참 성도의 특징은 광야에서 외치는 소리처럼 이름도 없이 빛도 없이 일하는 것입니다. 그 소리의 내용은 "회개하라 천국이 가까웠느니라"는 말씀입니다.

(3) 물로 세례를 줌

그런데 구원의 절대적인 조건은 물세례가 아니라 성령세례입니다. 세례요한의 물세례는 물로 세례를 주어서 주님을 영접할 수 있는 준비자의 역할을 말한 것입니다.

노년을 보람 있게 살려면

(잠20:29-30)

노인들의 아름다움은 백발에 있다고 했습니다. 그것은 그들의 풍부한 경험과 판단력과 인내가 재산이 된다는 것입니다.

현대 사회의 3대 문제는,

첫째는 청소년의 문제이고

둘째는 노인 문제이고,

셋째는 도덕적 타락의 문제입니다.

오늘은 노인 문제를 중심으로 어떻게 하면 노년을 보람 있게 살 수 있는가를 함께 살펴보면서 은혜를 나누려고 합니다.

1. 고령화 문제

지금 우리 사회의 고령화로 인해서, 많은 문제가 발생하고 있습니다.

첫째는 영양상태 및 과학의 발달과 의료시설로 인해서 생겨졌습니다.

둘째는 경제문제입니다. 자녀들에게 다 투자를 해서 노년에 자신을 위해 준비한 것이 없는 것입니다. 그래서 78%가 자녀들에게 의존하는데 이것은 부모의 잘못입니다.

셋째는 조기은퇴로 인해서 할 일이 없어진 것입니다. 그래서 삶의 의미를 상실하고 있는 것이 문제입니다. 그러나 노인문제가 사회

적으로는 문제가 되지만 교회는 노인들이 보배입니다. 기도할
수 있고, 뒷바라지를 할 수 있기 때문입니다.

2. 노년에 공헌한 사람들

우리는 흔히 살아온 햇수로 그 사람의 나이를 계산하지만 그것은 잘
못입니다. 무드셀라는 969세를 살았지만 해놓은 것은 아무것도 없습니
다. 그러므로 나이는 그가 해놓은 업적으로 계산해야 합니다.

지금 노년에 있는 분들이여, 무엇을 남겼습니까? 아직도 할 일이 많
이 있습니다. 그러므로 이제부터라도 보람 있는 일을 남기시기를 바랍
니다.

3. 노년을 어떻게 보낼까?

(1) 여행하며 저술하기

여행과 저술과 취미활동을 통해서 기쁘게 살아라. 미국에서는 노인들
이 트레일러를 가지고 여기저기로 옮기면서 산다.

(2) 공부하기

노인대학의 필요성

(3) 찬송하기

노인성가대(민요와 복음 송을 통해서)

(4) 호스피스 봉사하기

Hospice(말기환자의 고통을 덜어주기 위한 지원활동)와 안락원 활동

(5) 죽음 준비하기

아름다운 죽음을 준비하자. 기도생활, 말씀묵상, 봉사, 자녀 사랑과
교회 사랑

노하기를 더디 하라

(잠19:10-20)

인간은 감정을 가진 존재이기 때문에 인간생활에서 피할 수 없는 것이 분노입니다. 우리는 자기의 감정을 표출함에 있어서 적절치 못한 방법으로 할 때가 있습니다.

그것은 바로 분노의 폭발입니다. 남에게 상처를 주기 때문에 오늘은 분노의 본질이 무엇인지, 그것을 어떻게 치유할 것인지를 말씀드리면서 함께 기도할 수 있기를 바랍니다.

1. 분노의 본질

분노를 가지면 아무리 교양을 가진 사람이라 해도 누구나 반미치광이가 됩니다. 우리들에게는 스스로 이 분노를 컨트롤 할 수 있는 장치가 없다는 데 문제가 있습니다.

우리는 분노를 원수에게 뱉어서 상대방의 마음에 불을 지르는 것인데 실제는 자신도 태우기 때문에 문제가 됩니다. 분노는 마치 전속으로 달리는 군마와 같아서 쉽게 넘어지고, 넘어질 때에는 자신이 크게 다칩니다.

그러므로 분노의 표출은 순간적인 만족은 있지만 계속적인 후회가 따르고 손해가 많습니다. 이로 인해 인생을 망치는 사람들이 참 많습니다. 그러므로 우리는 분노를 잘 표출해야 합니다.

2. 분노의 치유방법

(1) 의분조절 숫자 세기

미국의 3대 대통령인 토마스 제퍼슨은 "화가 나면 열을 세고, 많이 나면 백을 세라"고 했습니다. 사실 분노 중에는 의분이란 것이 있기 때문에 다 나쁘다고 할 수는 없습니다. 그러나 그 의분이라고 해도 그것을 조절하지 않으면 결국 죄를 짓게 됩니다.

(2) 마귀가 틈타지 못하게 해가 지기 전에 분 풀기

분노는 쌓아두면 안 됩니다. 결국 그것이 북한의 용천에서처럼 폭발되기 때문입니다. 그래서 성경은 말합니다. 엡 4:26-27절에서 말씀했습니다. "분을 내어도 죄를 짓지 말며 해가 지도록 분을 품지 말고, 마귀로 틈타지 못하게 하라". 이것은 인간에게 분이란 전혀 안 가질 수는 없지만 그러나 그것으로 인해서 마귀가 틈을 타서 죄를 짓지 않도록 하라는 것입니다.

그러면 어떻게 분을 표출할까요? 두 가지 방법이 있습니다.

첫째로 궁극적으로는 십자가 앞에 다 내놓는 것입니다. 십자가는 바로 우리의 분을 해결하는 제단이요 장소입니다. 세상에 대한 주님의 분노가 해결된 곳이고, 인류의 죄에 대한 하나님의 분노가 해결된 곳이 바로 십자가 위에서였습니다. 왜 우리가 분을 냅니까? 사실은 우리의 완전주의와 정의감 때문입니다. 그 잘난 정의감 때문입니다. 우리의 정의감이란 게 뭐 굉장한 것입니까? 얼마 전까지만 해도 우리는 다 죽을 수밖에 없는 죄인들이었습니다. 이제 지옥의 형벌을 면하게 되니까 무슨 큰 의인이라도 된 것처럼 생각하기 때문에 정의를 논하는 것입니다.

둘째로 you-message가 아니라 I-message로 말하는 것입니다. 네가 그럴 수 있어? 너는 뭐 그래? 네까짓 게 뭐 잘 났다고. 하면서 상대방에 대해서 말하는 것은 싸움만 하게 합니다. 싸움만 부추깁니다. 그러므로 우리는 상대방에게 대한 것은 말하지 말고, I-message를 해야 합니다. '나는 이렇게 느꼈어. 네가 그렇게 했을 때 나는 이렇게 생각했어.'하면서 자기의 감정을 정직하게 표출하는 것입니다. 그러면 서로의 대화가 이루어지고 분노가 제거됩니다.

이제 설교를 맺으려고 합니다. 병원에 가면 의사가 혀를 보자고 합니다. 왜 혀를 보자고 할까요? 저는 의사가 아니기 때문에 정확한 이유는 알지 못합니다. 그러나 확실한 것은 의사는 우리의 혀를 보고 병을 진단할 수 있기 때문입니다. 그렇다면 이 시간 우리는 주님 앞에서 우리의 혀를 내놓고 진찰을 받아볼 필요가 있습니다.

이 혀로 내가 얼마나 많은 사람들을 저주했으며 이 혀로 얼마나 남들의 마음을 아프게 했는가 하고, 그러면서 두 가지 방법으로 해결하기를 바랍니다. 궁극적으로는 십자가 앞에 우리의 분노를 다 내놓기를 바랍니다. 그러면 다 해결됩니다. 두 번째는 I-message로 표출해서 서로 오해를 풀고 감정을 풀 수 있기를 축원합니다.

누리며 사는 지혜

(전5:18-20)

1. 세상적인 낙

(1) 본능적 낙

인간에게는 여러 가지의 본능이 있습니다. 그 본능의 충족이 다 나쁜 것은 아닙니다. 먹고 싶은 식욕은 우리에게 영양이 필요하기 때문입니다. 문제는 꼭 먹어야 할 것이 있고, 먹지 말아야 할 것이 있고, 먹어도 그만 안 먹어도 그만인 것이 있습니다.

아담과 하와가 선악과를 따먹은 것은 먹지 말라고 한 것을 먹었기 때문에 큰 죄가 된 것입니다. 또 성욕도 결혼이란 테두리 안에서의 것은 아름다운 것입니다. 문제는 무절제한 것이 문제입니다. 이처럼 세상에는 본능적인 낙이 있습니다.

(2) 자연과 문화를 통해 누리는 낙

자연은 누구나 누릴 수 있는 것이지만 많은 사람들은 그 중요성을 잘 모릅니다. 그래서 자신의 삶을 아주 좁게 만들고 있습니다. 자연을 벗으로 할 때 인간은 자연으로 돌아가게 되고 순진해집니다. 그래서 "자연으로 돌아가라"고 했습니다. 자연은 하나님이 만든 모든 것이고, 하나님께서 입은 옷입니다. 그러므로 참 지혜 있는 사람들은 자연을 가까이 하며 살았습니다. 다음은 문화로 하나님이 만든 모든 것이라면 문화는 인간이 만든 모든 것입니다. 문화는 많은 병을 가져오지만 그럼에도 문화를 떠나서는 살 수가 없습니다. 문화는 사치를 가져오기 때문에 매력이 있습니다. 그 반면 문화는 빈곤과 부자유를 가져오기도 합니다.

(3) 영적 삶의 낙

종교는 그런 면에서 인간에게 참 행복을 가져오기도 합니다. 그러나 세상에는 잘못된 종교로 인하여 불행한 사람들을 많이 볼 수 있습니다. 영적 삶의 낙은 오직 예수님만이 주십니다. 그리고 성령의 인도하심을 받는 삶을 살 때에 옵니다. 성령의 열매가 바고 희락, 즉 기쁨이기 때문입니다.

2. 하나님이 주신 분복으로 누리는 낙

(1) 수고 중에 누리는 낙

18절에 보면 "수고 중에 누리는 낙"이라고 했습니다.

열심히 일하다가 잠깐 쉴 때에 오는 낙이 있습니다. 너무나 달콤하고 평화롭습니다. 무슨 일을 성취한 다음에 오는 낙이 있습니다. 너무나 만족스럽습니다.

(2) 하나님이 주신 재물과 부요를 누리는 낙

19절에 보면 "하나님이 주신 재물과 부요를 누리는 낙"이 있다고 했습니다.

억지로 불법으로 착취하여 얻는 낙이 아니라 하나님이 주신 낙을 누리는 것은 선하고 아름답습니다. 칼뱅은 정당하게 얻은 부는 그 사람의 수고의 대가이기 때문에 존경의 대상이라고 했습니다.

(3) 마음의 기쁨

20절에 "마음의 기쁨"이 있다고 했습니다.

눈물이 말라버린 시대

(애1:1-11)

눈물이란 '누선에서 나오는 분비물'을 말합니다. 성분은 소디움과 칼슘이 약간 들어있으나 주성분은 소디움, 즉 소금입니다. 그리고 알부민 성분도 약간 들어 있다고 합니다. 그러나 성경이 말하는 눈물은 정신적이고 영적인 문제에 대하여 말씀하고 있습니다. 오늘은 눈물에 대해서 말씀드리려고 합니다.

눈물은 각막과 결막을 항상 적셔서 이물을 씻어냅니다. 또 각막에 포도당과 산소를 주기도 하고, 노폐물을 받아내기도 하고, 감염방지 작용도 합니다. 그러므로 눈물은 필수적인 것입니다. 아이들이 태어나서 3개월이 될 때까지는 울어도 눈물이 나지 않습니다. 눈물은 젊은 사람이 노인보다 많고, 여자는 남자보다 많습니다. 우리가 슬플 때 눈물을 많이 흘리는데 그 이유를 의사들은 밝히지를 못하고 있습니다.

저는 15년 전에 눈물이 나오지 않아서 인조눈물을 2시간에 한번 씩 넣어주는 일도 있었습니다. 문제는 현대에 와서 많은 사람들의 눈물이 말라버리고 있다는 점입니다. 슬픈 것을 보아도 눈물이 없고, 기도를 해도 눈물이 없고, 회개를 해도 눈물이 없습니다. 이것은 사람들의 감정이 메말랐다는 뜻입니다.

예레미야 애가를 쓴 예레미야 선지자는 별명이 '눈물의 예언자'입니다. 민족의 슬픔을 보면서 많은 눈물을 흘리면서 울었기 때문입니다. 지금 우리들에게도 이런 예언자가 필요합니다.

본문에만 보아도 2절에 "밤새도록 애곡하니 눈물이 뺨에 흐름이여"라고 했습니다. 16절에는 "내가 우니 내 눈에 눈물이 물같이 흐름이여"라고 했고, 2:11절에는 "내 눈이 눈물에 상하여 내 창자가 끊어지며 내 간이 땅에 쏟아졌으니"라고 했습니다. 3:48-49절에는 "내 눈에 눈물이 시내처럼 흐르도다. 내 눈의 흐르는 눈물이 그치지 아니하고 쉬지 아니함이여"라고 노래했습니다.

1. 예레미야가 운 이유

예루살렘 성을 보면서 과거와 현재의 모습이 너무도 변한 것을 보면서 울었습니다. 1절에 "본래는 거민이 많더니 이제는 어찌 그리 적막히 앉았는고. 본래는 열국 중에 크던 자가 이제는 과부 같고, 본래는 열방 중에 공주 되었던 자가 이제는 조공 드리는 자가 되었도다"고 했습니다. 3가지를 비교한 것입니다.

첫째는 인구의 수(전쟁으로 인해 죽고, 포로로 잡혀 갔고),

둘째는 부의 차이(과거에는 국제적으로 인정받았지만 지금은 과부처럼 다 빼앗긴 자가 됨),

셋째는 신분의 차이(과거에는 공주처럼 대우받았지만 지금은 나를 빼앗기고 조공을 바치는 자가 됨)을 비교했습니다.

과거와 현재를 비교했습니다. 비교는 때로는 사탄의 유혹의 방법이기도 하지만 일반적으로 우리들을 깨우치는 방법이기도 합니다. 오늘 우리는 과거의 우리의 신앙과 현재의 신앙을 비교하시기 바랍니다. 처음 이 교회가 시작될 때의 상황과 지금의 상황을 비교해 보시기 바랍니다. 저는 그것을 생각할 때에 눈물이 납니다.

2절에 보면 지금은 위로자도 없고 친구도 없어졌다고 했습니다. 배반하여 원수로 변했다는 것입니다. 그것을 예레미야는 애통하고 있습니다.

무엇 때문일까요? 왜 이렇게 변했을까요? 그것은 민족적으로 범죄했기 때문입니다. 첫째 우상숭배, 둘째 부정부패, 셋째 인권유린, 넷째 불법이 성함. 그 누구 때문이 아니라 바로 나 자신 때문입니다.

사람이 눈물을 흘리는 것은

첫째, 이물질이 눈에 들어갔을 때,

둘째, 슬플 때,

셋째, 아주 기쁠 때에도 눈물이 쏟아집니다.

중요한 것은 우리들에게 회개의 눈물이 보다 많아져야 죄를 씻는 역사가 일어납니다.

2. 이 세상은 눈물의 골짜기

세상은 눈물의 골짜기입니다. 태어날 때 '응아~' 하고 울면서 태어나서 한 생애를 살고 떠날 때는 가족들의 '아이고 아이고' 하며 우는 속에서 갑니다. 그러나 그 사이에도 우는 일이 많습니다. 그래서 시편 84:6절에서는 "저희는 눈물 골짜기로 통행할 때에"라고 했습니다.

3. 지금 필요한 것은 참 눈물

독일의 히틀러는 연극적인 눈물을 자유자재로 흘렸다고 합니다. 어떤 일이 자기 계획대로 되지 않게 되면 마치 발작하듯이 대성통곡을 했다고 합니다. 그러나 그 눈물은 숭고한 눈물이 아닙니다. 그러나 성경에는 참으로 숭고한 눈물이 많이 있습니다.

(1) 다윗의 눈물

자신의 죄를 뉘우치며 흘렸던 다윗의 눈물(시6:6)

(2) 히스기야 왕의 눈물

죽음의 절망에서 흘렸던 히스기야 왕의 눈물(사38:5)

(3) 예레미야 선지자의 눈물

고난당하는 민족의 아픔 때문에 흘렸던 예레미야 선지자의 눈물(1:2)

(4) 욥의 눈물

고난 속에서 흘렸던 욥의 눈물(욥16:20)

(5) 주님의 눈물

죄인들을 위해 흘리신 주님의 눈물(히5:7)

애 2:18절에서는 "너는 밤낮으로 눈물을 강처럼 흘릴지어다. 스스로 쉬지 말고 네 눈동자로 쉬게 하지 말지어다"라고 회개의 눈물을 흘려야 할 것을 말씀하고 있습니다. 오늘 우리들에게 그런 눈물이 회복되기를 축원합니다.

능히 감당하게 하시느니라

(고전 10:8-13)

이 세상은 광야이기 때문에 항상 시험이 따릅니다. 심지어 예수님께서도 세 가지 시험을 받은 것을 알고 있습니다. 그렇다면 우리들에게 시험이 없을 수 없습니다. 우리는 믿음이 좋은 사람들에게는 시험이 없을 것이라고 생각하는데 그것은 큰 착각입니다.

마치 높은 나무에 올라가면 갈수록 바람이 더 불고, 흔들리고 힘들듯이 우리의 믿음이 있으면 있을수록 또 높은 자리에 올라가면 갈수록 더 시험이 크게 오는 것을 우리는 알 수 있습니다. 그러면 우리는 시험이 올 때 어떻게 해야 할까요?

1. 시험의 종류

(1) 예수님의 경우(마4:1-11)

경제적 시험(떡을 만들라), 정치적 시험(인기에 대한 관심), 종교적 시험(타협)

(2) 바울의 경우

바울의 경우(고후12:7), 육체의 가시=자고치 않기 위해

(3) 나사로의 경우

나사로의 경우(요11:4), 하나님의 영광을 나타내기 위해서

(4) 백성들의 경우

광야 이스라엘 백성들의 경우(신앙적 연단을 위해)

2. 시험이 왔을 때

(1) 항상 기도하고

오기 전에 항상 시험에 들지 않게 기도하는 것이 최고의 예방책입니다. 전에는 병에 걸렸을 때 치료하는 것에만 신경을 썼습니다. 그러나 지금은 예방의학이 발달해서 병에 걸리지 않게 힘쓰고 있는데 신앙생활도 마찬가지입니다.

(2) 낙심하지 말고

시험이 왔을 때에는 어떻게 해야 하는가? 고후 4:8절의 말씀처럼 "낙심하지 아니하며" 왜냐하면 사탄의 전술의 첫 번째는 교만케 하는 것이고, 그 두 번째가 낙심케 하는 것이기 때문입니다.

(3) 인내하고

시험이란 연단을 위해 주시는 것으로 알아라. 약 1:12절에 "시험을 참는 자가 복이 있도다. 이것에 옳다 인정하심을 받은 후에 주께서 자기를 사랑하는 자들에게 약속하신 생명의 면류관을 얻을 것임이니라".

(4) 미혹되지 않고

또 시험은 자기 욕심에 끌려 미혹되는 경우가 있다(약1:14).

(5) 본문이 주는 시험의 교훈

첫째. 하나님께서는 감당치 못할 시험을 주시지 않는다.

둘째. 시험당할 때에는 반드시 피할 길을 내어주신다.

셋째. 시험이 왔을 때는 능히 감당하게 하신다는 확신을 가지라.

우리에게는 누구에게든지 날마다 시험이 옵니다. 큰 시험, 작은 시험, 육체적 시험, 정신적 시험, 영적 시험 등 살아 있는 동안은 계속됩니다. 그러므로 항상 시험에 들지 않도록 기도하고, 일단 왔을 때에는 기도하면서 하나님께서 주시는 지혜로 승리해야 합니다. 확실한 것은 능히 감당케 하신다는 확신입니다.

능히 구원을 얻지 못하리라

(행15:1-5)

1. 본문의 말씀이 주는 교훈

많은 사람들은 교회에 출석하는 것으로 구원을 받았다고 착각하고 있습니다. 그러나 예수님의 우편에서 십자가에 달렸던 강도는 교회를 통하지 않고, 주님으로부터 직접 "오늘 네가 나와 함께 낙원에 있으리라"는 약속을 받았습니다. 또 구약의 많은 성도들도 신약시대의 산물인 교회가 생기기 전이지만 장차 오실 예수를 믿음으로 구원을 받았습니다.

(1) 교회 출석만이 구원 보장은 아님

그러므로 교회에 출석하는 것이 자동적으로 구원을 보장하는 것은 아니라는 것을 알아야 합니다.

(2) 할례문제

바울 당시 교회에 문제가 된 것은 할례문제였습니다.

이 할례는 신약시대에 와서는 세례로 바뀌었습니다. 그런데 유대인들은 할례를 받지 않으면 능히 구원받지 못한다고 하였던 것입니다. 그래서 이 문제로 인해서 첫 번째 예루살렘 공의회가 모였던 것입니다. 그리고 로마천주교는 요한복음 3:5절과 디도서 3:5절의 말씀에 근거한다고 하면서 물세례를 받지 않고는 구원을 받을 수 없다고 세례를 강조합니다. 그러나 중요한 것은 할례나 세례가 구원의 보증수표가 아니라는 것입니다. 베드로전서 1:23절에 베드로는 "너희가 거듭난 것이 하나님의 살아 있고 항상 있는 말씀으로 된 것"이라고 분명하게 말하고 있습니다. 마태복음 3:11절에는 세례요한은 "그는 성령과 불로 너희에게 세례를 주실 것이요"라고 했습니다. 그러므로 물처럼 씻기는 말씀과 성령의 세례가 임할 때에 우리는 천국에 들어가게 되는 것을 알아야 합니다.

2. 구원이란?

구원이란 단어는 '건강하게 하다, 치료하다, 보존하다, 구출하다, 자유 함을 받는다, 승리케 한다'라는 뜻입니다. 이처럼 성경이 구원이란 개념은 아주 광범위합니다.

우리가 예수 믿고 구원함을 받았다고 할 때에 적어도 세 가지의 개념이 있습니다.

(1) 의롭다 함을 받았다는 뜻

이 말은 심판에 있지 않고, 하나님의 형벌을 벗어났다는 뜻입니다.

(2) 죽음과 사탄에 대한 승리가 보장되었다는 뜻

이것은 그리스도께서 사탄을 이기심으로 결정적으로 성취되었습니다.

(3) 구원과 축복을 말씀

최후의 구원과 축복을 말씀한 것입니다.

예수님께서 재림하실 때에 사탄에 대한 완전한 승리의 역사 속에서 성취될 것입니다.

3. 구원받은 자의 표식

(1) 확실한 구원의 증명서

믿음이 가장 확실한 구원의 증명서입니다. 성경은 말합니다.

"주 예수를 믿으라 그리하면 너와 네 집이 구원을 얻으리라",

"하나님이 세상을 이처럼 사랑하사 독생자를 주셨으니 이는 저를 믿는 자마다 멸망치 않고 영생을 얻게 하려 하심이라"(요3:16).

(2) 믿음의 울타리 속

구원받은 자는 교회라고 하는 믿음의 울타리 속으로 들어가는 것을 기뻐합니다.

(3) 주님의 일

구원받은 자는 주님의 일을 하고 싶어 합니다.

(4) 순종

구원받은 자는 주님께 순종합니다.

4. 구원을 받기 위해

(1) 율법의 준수가 구원의 조건이 아님

율법의 준수가 구원의 조건이 아니라는 것을 알아야 합니다.

마태복음 19:16-22절에 보면 부자 청년이 무슨 선한 일을 하여야 구원을 받을 수 있는지 물었습니다. 청년은 어려서부터 다 지켰다고 했습니다. 그때에 예수님은 네 재산을 다 팔아서 가난한 사람들에게 주어라고 하였습니다. 그러나 청년은 근심하면서 떠나갔습니다.

(2) 재물을 겸하여 섬길 수 없음

하나님과 재물을 겸하여 섬길 수 없다는 것을 깨달아야 합니다.

엡 2:8절에서 "너희가 그 은혜를 인하여 믿음으로 말미암아 구원을 얻었나니 이것이 너희에게서 난 것이 아니요 하나님의 선물이라"고 하였습니다.

능히 깨닫지 못하리로다

(전8:16-17)

17절에 보면 두 번 '능히 깨닫지 못 하리로다'라는 말씀이 나옵니다. 이것은 인간의 한계와 연약함을 고백한 말씀입니다.

1. 인간의 한계성

현대 과학은 그 한계를 모르고, 새로운 생명을 창조하려고 발광하고 있습니다. 머지않아서 인간의 수명은 성경에서 나오는 대로 120세까지 살게 될 것입니다. 몸의 여러 기관들을 인조로 만들어서 사용하는 시대가 벌써 왔습니다. 또 뇌사한 사람의 기관을 8시간 안에 수술을 해서 옮기면 그 사람이 12년 정도 더 살 수 있게 되었습니다.

그러나 역시 인간은 한계를 가진 존재입니다. 시간의 한계가 있고, 공간의 한계가 있고, 능력의 한계가 있고, 지식의 한계가 있습니다. 이 한계를 아는 것이 인간의 지혜이고 축복입니다. 사실 이 깨달음에서부터 종교가 생기고 철학이 생깁니다.

그러나 문제는 사람이 자신의 한계를 깨닫지 못하고 있다는 점입니다. 그래서 이사야 선지자는 1:3절에서 "소는 그 임자를 알고, 나귀는 주인의 구유를 알건마는 이스라엘은 알지 못하고, 나의 백성은 깨닫지 못하는도다"라고 했습니다. 그러므로 인간의 한계를 깨닫고, 겸손하게 살아가야 합니다.

2. 하나님이 인간에게 한계를 만드심

(1) 수명의 한계

영원한 하나님의 나라가 있으므로 그곳에서 영원히 살기를 원하셨기 때문입니다. 이 세상은 잠깐 머물다 가는 여관에 불과합니다. 그렇다고 전혀 무의미한 것은 아닙니다. 여기서 주의 백성을 만들고 교육시켜야 하는 중요한 책임이 있습니다.

(2) 능력의 한계

항상 하나님과 함께 하기를 원하셨기 때문입니다. 자녀들이 어려서 부모에게 순종하고, 부모 곁에 있기를 원하는 이유는 그 능력에 한계가 있기 때문입니다. 부모 없이는 모든 필요를 충족시킬 수 없기 때문입니다. 하나님께서도 우리가 항상 그의 곁에 있기를 원하십니다.

(3) 공간의 한계

인간의 욕심을 잘 알고 계시기 때문에 우리들에게 공간의 한계를 주신 것입니다. 인간의 욕심은 끝이 없습니다. 무엇으로도 이 욕심을 만족시킬 수가 없습니다. 그래서 하나님께서는 우리들에게 한계를 만들어 주신 것입니다.

3. 한계 속에 살고 있는 우리가 해야 할 것

(1) 하나님과 동행하는 삶을 살아야

동행하는 삶은 믿고 사랑할 때 이루어집니다. 에녹이 위대한 신앙인으로 꼽히는 것은 하나님과 동행하였기 때문입니다. 하나님께서 가장 기뻐하는 것은 바로 이 동행하는 것입니다. 그때에 우리에게도 참 기쁨이 찾아옵니다.

(2) 하나님께 순종하며 살아야

순종은 최고의 믿음의 표현입니다. 순종은 하나님께서 가장 기뻐하는 것입니다. 그래서 순종이 제사보다 낫다고 했습니다. 순종은 하나님과 동행하는 자들의 삶입니다.

　(3) 오직 하나님의 영광만을 위하여 살아야

　인간의 행복은 하나님을 기쁘게 할 때 옵니다. 그런데 하나님을 기쁘게 하는 방법은 오직 그의 영광을 위하여 살 때 이루어집니다. 따라서 우리는 먹든지 마시든지 무엇을 하든지 하나님의 영광을 위해서 살아야 합니다.

다 나음을 얻으니라

(행5:12-16)

예수님의 사역을 살펴보면 크게 세 가지였습니다. 복음전파, 가르치
는 일 그리고 병 고치는 일입니다. 주님의 치유사역은 단순히 육체의
질병뿐만이 아니라 넓은 의미에서의 치유였습니다. 주님의 치유의 핵심
은 영혼의 질병인 죄의 문제를 해결하는 것이었습니다.

1. 근본적인 병

오늘날 의학이 발달하지만, 그러나 병은 점점 더 많아지고 있습니다.
인간의 건강과 질병은 약과 의학만으로는 다스려지지 않습니다. 왜냐하
면 인간은 영적인 존재이기 때문입니다. 정신적이고 영적인 원인으로도
많은 질병이 발생하기도 합니다.

(1) 관계의 치유가 필요

인간관계로 인해 미워하고 소외당하거나 할 때에 문제가 생기게 됩니
다. 그래서 성경은 서로 사랑하라(골3:13), 서로 용납하라(엡4:2), 서로
원망하지 마라(약5:9), 서로 화목 하라(롬14:19), 서로 사랑하라(요13:34),
서로 불쌍히 여기라(엡4:32), 서로 기도하라(약5:16)고 하였습니다.

(2) 감정의 치유가 중요

어쩌면 육체적 질병보다도 감정상의 문제로 앓는 사람들이 더 많습니
다. 문제는 감정이 상했을 때에 통증과 불안과 두려움이 생기고 관계가

파괴되기 때문입니다. 다윗도 시 42:4절에 "이제 이 일을 기억하고 내 마음이 상하는 도다"라고 했고, 시 51:10절에서는 "하나님이여, 내 속에 정한 마음을 창조하시고"라고도 했습니다.

2. 어떻게 치유해야 하나

사실 하나님께서 인간을 창조하실 때에 전인적인 존재로 창조했습니다. 그래서 부분적 치료만으로는 완전 치료는 안 되고, 전체적으로 치유해야 하고, 또 병원에 안 가도 저절로 치유되도록 창조를 했습니다. 그러나 아담과 하와가 범죄한 후에 이 자동식 치유의 구조가 고장이 난 것입니다. 죄로 인하여 그 기능이 고장되고 온전히 작동이 되지 못하게 된 것입니다.

(1) 하나님과의 관계가 바로 되어야

출 15:26절에 "나는 너희를 치료하는 여호와임이니라"고 했습니다. 약 5:15절에는 "믿음의 기도는 병든 자를 구원하리니 주께서 저를 일으키시리라 혹시 죄를 범하였을지라도 사하심을 얻으리라"고 하였습니다. 성경에는 죄의 용서와 치유를 같이 취급하고 있는 곳이 많습니다.

(2) 미국의 정신과 의사의 발견

정신적 환자의 공통점이 있습니다. 남의 결점을 찾아내려는 태도, 남을 비판하려는 태도, 남의 결함이나 잘못에 관심을 갖는 부정적인 자세는 심리적인 불안을 가져오고 정신병까지 가지고 온다는 것입니다. 그러므로 이러한 경우에 치료법은 그리스도의 사랑과 용서가 있을 때에만 가능합니다.

(3) 하나님의 말씀과 기도

하나님의 말씀은 능력이 있습니다. 말씀 자체가 치유의 능력이 있고 또 말씀대로 살면 문제들이 해결되고 풀리게 됩니다. 그리고 말씀을 통해서 은혜가 임하기 때문입니다.

　기도가 치유를 가져오는 것은 하나님의 능력을 그 사람에게로 연결시켜주는 일을 하기 때문이고, 다음은 죄의 회개와 함께 사죄의 역사가 나타나기 때문입니다. 약 5:15절에 "믿음의 기도는 병든 자를 구원하리니 주께서 저를 일으키시리라"고 하였습니다.

다른 이름으로는

(행4:1-12)

1. 성(姓)과 개명

이름에는 혈통을 표현하는 성과 이름, 즉 성명이 있습니다. 유럽에서는 12세기 이전에는 성이란 것이 없었습니다. 그 후에 인구가 많아지면서 같은 이름을 가진 사람들이 많아지자 구별을 하기 위해서 성을 만들기 시작하였습니다.

성경에는 하나님께서 이름을 새롭게 개명해주셨던 경우가 있습니다. 예를 들면 아브람이 아브라함으로, 사래가 사라로, 야곱이 이스라엘로, 시몬이 베드로 등입니다. 그런데 이런 경우에는 이름만 바뀐 것이 아니라 그 사람의 삶과 인격의 변화도 함께 있었습니다.

(1) 서양의 중심 성(姓) 4가지

첫째 직업을 중심으로 만들었습니다. 요리사 출신이라고 cook, 방앗
간 출신이라고 miller, 목수 출신이라고 carpenter, 대장간 출
신이라고 smith, 농부출신이라고 farmer 등 직업을 성으로 시
작된 예가 많습니다.

둘째 거주 지역을 중심으로 만들었습니다. 개울가에 산다고 brook,
언덕 넘어 산다고 overhill, 워싱턴에 산다고 washington 등
입니다.

셋째 아버지의 이름 따라서 누구의 아들이라고 짓는 경우입니다.
john의 아들이라고 johnson, jack의 아들이라고 jackson, dick의 아들이라고 dickson, will의 아들이라고 wilson이라고 지었습니다.

넷째 사람의 특징을 따라서 만들었습니다. 키가 작다고 short, 키가 크다고 longfellow, 사람이 작다고 small이라고 지었습니다.

2. 예수의 이름으로 살 때 나타나는 놀라운 역사

예수님의 이름은 빌 2:9절에 보면 "모든 이름 위에 뛰어난 이름"이라고 했습니다. 왜냐하면 예수님의 이름은 신비한 역사가 일어나도록 하기 때문입니다. 마태복음 1장을 보면 마리아가 성령으로 잉태하였을 때 천사가 나타나서 "아들을 낳으리니 이름을 예수라 하라. 이는 그가 자기 백성을 저희 죄에서 구원할 자이심이라"고 했습니다.

(1) 예수의 이름을 부르는 자는 구원

롬 10:13절에 "누구든지 주의 이름을 부르는 자는 구원을 얻으리라"고 했습니다.

(2) 예수의 이름으로 기도 응답

요 14:14절에 "내 이름으로 무엇을 내게 구하면 내가 시행하리라"고 했습니다.

(3) 예수의 이름으로 귀신을 쫓아내는 역사

막 16:17절에 "너희가 내 이름으로 귀신을 쫓아내며"라고 했습니다. 행 3;6절에는 사도들이 "예수의 이름으로 걸어라"고 했을 때에 앉은뱅이가 일어나 걸었다고 했습니다.

(4) 무엇을 하든지 예수님의 이름으로

누구에게 무엇을 하든지 예수님의 이름으로 하면 그것이 예수님께 하는 것으로 인정이 되고 계산이 됩니다.

마 18:5절에 "누구든지 내 이름으로 어린아이 하나를 영접하면 곧 나를 영접함이니"라고 했습니다.

이름은 곧 그 사람의 정체성을 나타나는 것인데 예수님의 이름으로 능력이 나타나는 것은 예수님이 곧 하나님이시기 때문입니다. 그러므로 모든 이름 위에 뛰어난 이름입니다. 예수님과 비교할 수 있는 다른 이름은 없습니다.

다메섹과 사마리아에 대한 경고

(사17:1-14)

1. 다메섹과 사마리아의 함락(1-11)

이사야는 남쪽의 두 나라(블레셋과 모압)의 심판을 예언한 후에 북쪽으로 방향을 바꾸어 아람(수리아)과 북 왕국 이스라엘이 받을 징벌을 예언합니다.

17장은 이사야서 7장과 동시대에 관한 말씀입니다. 즉 유다의 아하스 왕 때에 북 동맹국(사7:2). "아람이 에브라임(요셉의 두 아들 중 하나입니다. 형은 므낫세)과 동맹하였다".

이 사건은 주전 732년에 앗수르의 왕 디글랏빌레셀이 다메섹을 멸망시킬 때에 일어났습니다.

(1) 다메섹의 멸망 예언

"무너진 무더기"가 된다고 했다.

1절에 "다메섹이 장차 성읍 모양을 이루지 못하고, '무너진 무더기'가 될 것이라"고 했다.

(2) 사라지는 다메섹의 영광

다메섹의 영광은 북 왕국 이스라엘과 함께 사라질 것이라고 했다(3절). 디글랏빌레셀은 다메섹을 빼앗았고(주전 732년) 북왕국 이스라엘은 앗수르의 영토를 편입했고, 남왕국 유다의 아하스 왕은 디글랏빌레셀에게 조공을 바쳤다(왕하16:1-14).

(3) 아람과 북 왕국 이스라엘은 동맹

당시 아람과 북 왕국 이스라엘은 동맹관계를 맺어 유다와 앗수르를 침공했다(7:2). 이 두 나라 중에 북 왕국 이스라엘이 먼저 침략을 받았다(16:3).

2. 이스라엘의 심판

4-6절에는 이스라엘의 심판을 추수에 비유하고 있습니다.

4절에 보면 "야곱의 영광이 쇠하고"라고 했습니다. 구체적으로는 추수하는 자가 "손으로 이삭을 벤 것 같고, 르바임 골짜기에서 이삭을 주운 것 같으리라"(이삭은 주워 보았자 얼마 되지 않는다)고 했다.

6절에 보면 북 왕국 이스라엘에서도 하나님께서는 '남은 자'를 남겨두시겠다고 했다. "그러나 오히려 주울 것이 남으리니." "실과 이삼 개가 남음 같겠고. 가장 먼 가지에 사오 개가 남음 같으리라."

3. 북 왕국 이스라엘의 징벌의 결과(7-11).

주전 722년에 사르곤에게 멸망당한 후에 앗수르에 잡혀 갔다. 그때에 일어난 결과는 무엇인가?

(1) 긍정적인 측면에서 기록하고 있음

즉 그동안 잊고 있던 하나님을 쳐다볼 것이다(7절). "그 날에 사람이 자기를 지으신 자를 쳐다보겠으며 그 중에 이스라엘의 거룩하신 자를 바라보겠고."

(2) 부정적인 측면에서 기록하고 있음

즉 우상을 바라보지 않을 것입니다. "자기 손으로 만든 단을 쳐다보지 아니하며, 자기 손가락으로 지은 아세라나 태양 상을 바라보지 아니할 것이며"(8절)라고 했습니다.

(3) 그들과 남은 도시들

그 날에 그들은 무엇을 했으며, 남은 도시들은 어떻게 되는가?(9-11)

가장 먼저 10절의 말씀에 "네가 기뻐하는 식물을 심으며, 이방의 가지도 이종하고." 아마도 이것은 이방나라와의 군사적 동맹을 암시하는 것으로 보입니다.

그러면 하나님께서는 이런 인간의 노력을 어떻게 만드셨나요?

첫째 "버린바 된 처소같이 될 것이다"(9절).

둘째 이렇게 된 근본적인 이유는?(10절).

"이는 네가 자기의 구원의 하나님을 잊어버리며 자기의 능력의 반석을 마음에 두지 않은 까닭이라"고 했습니다.

4. 전체 내용 요약

12-14절에는 13-23장의 전체 내용을 요약해주고 있습니다.

결국 노략한 자들은 아침이 오기 전에 사라진다는 것입니다.

왜 이사야는 이 구절을 기록하고 있을까요?

분명한 것은 이 구절은 특정한 나라의 심판을 다루고 있지 않다는 점입니다. 그것은 당시 유다가 하나님의 도움보다는 세상 열방의 도움을 기대했기 때문입니다. 이것은 이방 나라의 흥망성쇠 또한 하나님의 손에 달려 있으며, 노략자들이 징벌을 당할 때 "남은 자들"은 돌아오리라는 내용입니다.

다윗과 맺은 언약

(삼하7:8-17)

1. 이 세상은 어떤 세상인가?

한 마디로 말하면 변화가 많은 세상입니다. 믿을 수 없는 세상입니다. 위험이 많은 세상입니다. 사고가 많고 질병도 많고, 죽음도 많습니다. 우리는 안정된 삶을 원하는데 그러나 이 세상은 안전하지 않습니다. 그래서 이 사고뭉치의 세상 속에서 안정을 갖기 위해서 우리는 수많은 보험을 들고 있습니다. 매달 나가는 보험료가 얼마나 많습니까? 그렇다고 다 해결되는 것은 아니지만 그래도 좀 안심이 되기 때문입니다. 문제가 생겼을 때 도움이 되기 때문입니다.

여러분 우리가 보험에 가입하면 그 조건이 무엇인지, 내용이 무엇인지, 좀 까다롭지만 자세하게 알아야 하듯이 우리는 하나님의 약속하신 그 약속의 내용을 알아야 안정된 삶을 살 수 있습니다. 하나님의 약속, 하나님의 보험인 언약도 좀 까다로운 편이지만 알아야 합니다.

2. 하나님 언약

언약이란 간단히 말하면 약속이란 말입니다. 좀 더 정확하게 말하면 성경입니다. 우리가 가지고 있는 성경은 구약과 신약으로 되어 있는데 구약이란 옛날 언약, 신약이란 새로운 언약이란 뜻입니다. 언약(영어로는 covenant, 히브리어로는 berith＝의무란 뜻)이 무엇입니까? 말로 맺어진 계약이란 뜻입니다. 다시 말하면 하나님과 우리 인간이 어떤 일을 하기로 한 구속력을 가진 약속을 말합니다.

그런데 성경에 보면 7개의 언약이 있습니다.

첫째는 창세기 2:17절과 3:15절에 나오는 아담과 맺은 언약입니다. 먼저 주신 언약은 선악을 알게 하는 나무의 실과는 먹지 말라. 네가, 먹는 날에는 정녕 죽으리라고 하셨고, 아담이 선악과를 따먹은 후에는 3장 15절에 보면 "여자의 후손은 네 머리를 상하게 할 것이요 너는 그의 발꿈치를 상하게 할 것이니라"는 최초의 복음을 주셨습니다.

둘째는 창세기 9장에 나오는 노아와 맺은 언약입니다. 11절에 보면 "내가 너와 언약을 세우리니 다시는 모든 생물을 홍수로 멸하지 아니할 것이라. 땅을 침몰할 홍수가 다시 있지 아니하리라"고 했습니다.

셋째는 창세기 12장에 나오는 아브라함과 맺은 언약입니다. "너는 너의 본토 친척 아비 집을 떠나 내가 네게 지시할 땅으로 가라. 내가 너로 큰 민족을 이루고 네게 복을 주어 네 이름을 창대케 하리니 너는 복의 근원이 될지라" 일방적으로 세 가지 복을 주시겠다는 내용입니다.

넷째는 출애굽기 20장에 나오는 모세와 맺은 언약입니다. 이것을 우리는 십계명이라고 부릅니다. 이것은 조건적 언약으로서 이것을 행하면 하나님께서 자자손손 우리에게 축복을 주시겠다는 내용입니다.

다섯째는 신명기 30장에 보면 이스라엘과 맺은 언약이 나옵니다. 내용은 여호와께로 돌아와 순종하면 우리를 긍휼히 여기시고, 포로를 돌리시고 열조보다 더 번성케 할 것이라는 내용입니다.

여섯째는 사무엘 하 7장에 나오는 다윗과 맺은 언약입니다. 끝으로 오늘 여러분들과 함께 살펴볼 내용입니다.

일곱째는 주님과 맺은 은혜의 언약입니다(마26:28; 고전11:25절). 예수님이 우리를 위해서 피를 흘려주시고, 이로 말미암아 누구든지 믿기만 하면 구원을 주시는 언약입니다.

이처럼 성경은 언약을 중심으로 기록되어 있습니다. 그러므로 언약이 성경의 중심입니다. 그런데 우리가 믿는 하나님은 영원토록 불변하신 분이십니다. 23:19절에 보면 하나님은 영원토록 불변하신 분이시기 때문에 "식언치 않으신다"고 했습니다. 따라서 우리들과 맺은 언약은 불변하십니다.

그러므로 하나님이 우리와 맺은 언약은 영원토록 불변하십니다. 믿습니까?

3. 언약의 두 가지 형식

언약은 종적 언약과 횡적 언약이 있습니다. 종적 언약은 하나님께서 일방적으로 무엇을 주시겠다, 하시겠다고 약속한 것을 말합니다. 이것은 조건이 없는 무조건적 언약입니다. 반대로 횡적 언약은 조건이 있는 언약입니다. 그래서 우리가 그 언약을 지키면 축복을 주시고 어기면 하나님의 심판을 받는 그런 성격을 가지고 있습니다. 여기서 가장 대표적인 언약이 먼저는 아브라함과 맺은 언약과 다음에는 모세와 맺은 언약입니다.

아브라함과 맺은 언약을 보면 하나님께서 일방적으로 내가 세 가지 축복을 너에게 주겠다고 약속한 무조건적 언약이고, 모세와 맺은 언약은 우리가 잘 아는 십계명으로서 조건이 있는 언약입니다.

이 아브라함과 맺은 무조건적 언약은 여섯 가지의 내용으로 되어 있습니다. 이것을 바로 이해하지 못하고 깨닫지 못하기 때문에 우리들이 하나님의 언약을 분명히 세밀하게 깨닫지 못하는 것입니다.

(1) 하나님은 여호와

전문("나는 너의 하나님 여호와로라", 출20:2), 하나님이 누구인가를 말해줍니다. 스스로 있는 자라는 것입니다.

(2) 역사적 진술

역사적 진술("나는 너를 애굽땅 종 되었던 집에서 인도하여낸." 출20:2). 하나님께서 우리를 위하여 무엇을 하여 주셨는가를 기록하고 있습니다.

(3) 규정들(출20:3-17절에 나오는 십계명의 내용)

하나님이 우리에게 기대하는 바를 말씀하고 있습니다. 십계명의 내용은 크게 말씀드리면 두 가지입니다. 첫째는 하나님과의 관계를 바로 가지는 비결을 말씀하고 있습니다. 그것은 바로 하나님을 경외하는 것입니다. 둘째는 사람들과의 관계를 바로 가지는 비결을 말씀하고 있습니다. 그것은 바로 자기와 피를 나눈 형제처럼 사랑하는 것입니다.

(4) 보존과 제독

보존과 제독(보존=출31:18절. 시내산에서 하나님께서 모세에게 친히 쓰신 증거판을 주셨다고 했습니다; 제독=출34:23-24절. 매년 세 번씩 하나님께 나와서 이 언약의 말씀들을 듣고, 행하라고 했습니다).

하나님의 언약을 기록하고 보존하며 읽고 유의하라고 말씀하십니다.

(5) 증인들

증인들(신4:26절. 천지를 불러 증거를 삼는다고 했습니다. 30:19절 "내가 오늘날 천지를 불러서 너희에게 증거를 삼노라"고 했습니다).

이 증인들, 즉 천지가 다 언약과 연관하여 행하는 모든 일들을 보고 있다는 것입니다.

(6) 축복과 저주(출23:20-23절, 신28장).

언약과 관련하여서 축복과 저주를 주시겠다고 했습니다.

축복의 내용은 세계 모든 민족 위에 뛰어나게 하실 것이라. 성읍과 들에서도 복을 받을 것이요, 광주리와 떡 반죽 그릇이 복을 받을 것이라. 대적들은 한 길로 왔다가 일곱 길로 도망할 것이라. 하나님께서 모든 일에 복을 주실 것이라고 했습니다. 또 머리가 되고 꼬리가 되지 않게 하실 것이라고 했습니다.

저주도 이와 같이 성읍과 들에서 있을 것이고, 광주리, 떡 반죽 그릇이 저주를 받을 것이라고 했습니다. 질병으로는 염병, 폐병, 열병, 학질, 가뭄과 썩는 재앙으로 치시고, 비 대신에 모래를 땅에 내릴 것이라고 했습니다. 무엇보다 세계 만국 중에 흩음을 당하게 할 것이요 미침과 눈물과 경심증으로 치실 것이라고 했습니다.

4. 다윗과 맺은 불변하신 언약

다윗은 자신은 백향목 궁에 거하면서 하나님의 언약궤는 회막에 있는 것을 죄송하게 생각하였습니다. 그러나 그 결심은 하나님께서 거절하였습니다. 그러나 하나님 중심의 다윗의 신앙은 하나님께 기뻐하셨고, 그 결과 엄청난 축복을 약속하였습니다. 오늘의 본문 말씀이 바로 그것입니다.

여기에는 세 가지의 중요한 약속을 하였습니다.

(1) "네 이름을 존귀케 만들 어주리라"(9).

여기서 이름이란 단순히 호칭을 말하는 것은 아닙니다. 그 사람의 존재와 인격까지를 함께 말씀한, 그 사람의 전부를 말씀하는 것입니다. 따라서 이 약속은 다윗의 명성은 물론 그의 후손들까지 축복을 받을 것이란 말입니다. 사실 다윗은 그의 당대에는 물론 후손인 그리스도를 통하여 완전히 성취되었습니다.

특별히 다윗의 후손 가운데 태어날 그리스도에 관한 예언이라고도 할 수 있습니다.

다윗에게 주신 이 언약은 오늘을 살아가는 우리들에게도 해당되는 그런 언약입니다. 사실 우리는 하나님의 자녀로서의 존귀함을 이미 소유하고 있고, 그의 일꾼으로서의 존귀함도 가지고 있고, 임마누엘의 존귀함도 가지고 있고, 또 하나님과 함께 영원히 거하는 존귀함도 소유하고 있습니다. 그러므로 항상 자신의 존귀함에 대한 긍지를 잊지 마시기를 바랍니다.

(2) "평안케 하리라"고 약속함(11절).

이 평안은 일시적인 평안이 아닙니다. 영원하고 완전한 평안을 말하는 것입니다. 사실 참 평안은 평안의 근본이신 하나님으로 말미암아 주어지는 것입니다.

사실 다윗만큼 전쟁을 많이 한 사람도 드물 것입니다. 그러므로 이 말씀은 모든 대적들을 파하고 참 평안을 누릴 것을 약속한 말씀입니다. 다윗은 주변의 모든 대적들을 파했습니다. 그러나 그는 백향목 궁에 거하면서 쾌락을 누리고, 현재의 상황에 도취되어 있지 않았습니다. 하나님의 전을 지을 것을 원했고, 그 모든 준비를 했습니다.

여러분 세상에 이 약속보다 더 소중한 보험이 어디 있습니까? 그러므로 우리는 우리가 가입한 천국보험이 얼마나 귀한가를 잊지 마시기 바랍니다. 이것을 잊게 될 때에 우리는 근심, 걱정, 염려에 빠지게 되는 것입니다.

(3) "네 몸에서 날 자식을 네 뒤에 세워 그 나라를 견고케 하리라"고 약속함(12절).

후손들이 번성하리라는 약속입니다. 다윗의 아들인 솔로몬이 누린 영광은 역사적으로도 전무후무한 영광이었습니다. 더욱이 이 말씀은 그리스도의 왕국이 견고해질 것이라는 축복이요 그리스도의 왕국의 지점이라고 할 수 있는 교회도 하나님께서 견고케 하리라고 약속했습니다. 음부의 권세가 이기지 못할 것이란 말씀입니다.

자손에 대한 언약은 모든 성도들에게도 해당합니다. 사실 우리는 자손들의 성공을 위해서 무리할 정도로 교육을 시키고 있고, 수많은 희생을 하고 있습니다. 그러나 주님을 믿는 모든 자에게 주시는 후손들에 대한 언약은 잊을 때가 많습니다. 그러므로 자녀들에 대한 염려를 다 주님께 맡기시기를 축원합니다.

맺는말

바라기는 다윗에게 주신 세 가지 언약, 즉 존귀케 되는 것과 평안함과 견고케 되는 귀한 축복이 저와 여러분들에게 함께하셔서 사업이 견고해지고, 가정에 평안이 있고, 사회적으로는 존귀케 되는 귀한 축복이 함께 하시기를 축원합니다.

다툼과 화목의 문제

(잠17:6-19)

오늘의 요절은 14절과 19절의 말씀입니다. "다툼을 좋아하는 자는 죄과를 좋아하는 자요.. 자기 문을 높이는(치장하는) 자는 파괴를 구하는 자니라." 오늘의 제목은 다툼과 화목의 문제입니다.

선악과를 따먹고 범죄한 아담과 하와에게 찾아온 결과는 너무도 큰 것이었습니다. 그 결과는

① 미움과 다툼이었고,

② 영적인 세계를 전혀 보지 못하는 영맹(靈盲)이 되었고,

③ 마지막에는 죽음이 온다는 사실입니다.

오늘은 범죄의 결과로 온 미움과 다툼의 문제를 중심으로 함께 은혜를 나누려고 합니다.

1. 다툼의 이유

다툼은 근본적으로 미움에서 옵니다. 물론 외형상으로 다툼은 의견의 차이에서 오기도 하고, 이해관계에서 오기도 합니다. 때로는 오해에서 오기도 합니다. 그러나 사랑하는 사람은 다투지 않습니다.

그러면 미움은 어디서 오나요? 그것은 죄와 함께 사탄이 뿌려놓은 독초인 것입니다. 따라서 다툼은 사탄이 우리 인간을 조종하려고 만든 줄이요, 끈입니다. 이 함정에 빠지면 목사도 장로도 다 죄를 짓고 맙니다.

우리가 구원을 받는 것뿐 아니라 성화를 하지 않고는 다툼의 함정에서 벗어날 수가 없습니다.

2. 다툼의 결과

첫째로 점점 더 큰 미움의 함정에 빠지게 됩니다.

둘째로 전쟁과 파괴로 이끌어 갑니다.

셋째는 불처럼 가슴을 태우는 불행이 찾아옵니다.

넷째는 우리를 영원한 지옥의 자식으로 만들뿐 아니라 마침내는 지옥
으로 끌고 갑니다.

3. 다툼의 해결 방법

(1) 사랑하는 마음으로

먼저 사랑하는 마음을 가져야 합니다. 사랑은 그냥 오는 것이 아니라 예수님이 내 마음속에 있을 때에 진정한 사랑이옵니다. 왜냐하면 하나님은 사랑이기 때문입니다.

(2) 작은 오해도 대화로 풀기

작은 다툼은 오해와 무지 그리고 대화 부족에서 오기 때문에 진실한 대화를 계속해야 합니다.

(3) 견해차를 역지사지 이해로

나와 견해가 다른 경우 그것을 이해하려고 하고, 상대방의 입장에서 모든 것을 보아야 합니다.

(4) 시비 조짐 예방

14절의 말씀처럼 다툼은 방축(둑)에서 물이 새는 것과 같기 때문에 그것이 무너지기 전에 싸움이 되지 않도록 시비를 그쳐야(그만두어야) 합니다.

달려갈 길을 마칠 때에

(행13:24-27)

1. 성공적인 경주를 하려면?

딤후 2:5절에 보면 인생을 '경주자'로 비유하고 있습니다. 이 경주를
잘하려면 인생을 바로 사는데 그 비결이 있습니다. 그런데 인생을 바로
살려면 '사생관(死生觀)'이 바로 되어야 합니다. 왜냐하면 어떻게 죽어야
할 것인가를 알면, 어떻게 살아야 할 것도 배우게 되기 때문입니다.

그것은 나는 누구인가? 나는 왜 여기에 있는가? 나는 여기서 어디로
가는가?에 대한 확고한 인식을 가져야 한다는 말씀입니다. 바로 이 사
생관에서 사명감도 나오고 생의 목적도 나오는 것입니다.

2. 죽음이란?

고전 15:26절에 "원수는 사망이니라"고 했습니다. 죽음은 우리 인류
의 공통된 마지막 원수입니다. 그리고 하나님의 원수이기도 합니다. 본
래 하나님은 생명이시고 생명체를 창조하셨는데 바로 이 생명을 죽이는
반역의 행위는 하나님께 원수 된 행위이기 때문입니다.

(1) 죽음의 원인

롬5:12절에 "죄로 말미암아 사망이 왔나니"라고 했습니다. 그리고
"죄의 삯은 사망이니라"고 말씀하셨습니다. 인간은 본래 영생하도록 창

조되었지만 처음 인간의 범죄로 인하여 죽음이 오게 된 것입니다. 그러
므로 모든 생명체는 다 한 번은 죽는다는 사실입니다. 히 9:27절에 "한
번 죽는 것은 사람에게 정하신 것이요 그 후에는 심판이 있으리니"라고
했습니다.

3. 죽음의 준비

(1) 모든 것은 다 잠정적인 것

이 세상에 영원한 것은 아무 것도 없습니다. 우리는 다 이 세상에 잠
시 머물다 가는 나그네입니다.

(2) 죽음이 올 때의 영적인 준비

첫째 내가 어디로 가는가를 알아야 합니다. 둘 중에 하나입니다 천국
　　　아니면 지옥입니다. 그런데 오늘날 세상은 지옥을 없애려고 합
　　　니다.

둘째 죽음에 대한 두려움을 버리는 것입니다. 성경은 "두려워 말고
　　　믿기만 하라. 그리하면 구원을 얻으리라"라고 하였습니다.

셋째 천국 갈 준비를 하며, 날마다 믿음 안에서 사는 것입니다.

　　　요 1:12절에 "영접하는 자 곧 그 이름을 믿는 자들에게는 하나
　　　님의 자녀가 되는 권세를 주셨으니"라고 했습니다.

　　　요 5:24절에 "내 말을 듣고 또 나 보내신 이를 믿는 자는 영생
　　　을 얻었고, 또 심판에 이르지 아니하나니 사망에서 생명으로 옮
　　　겼느니라"고 하였습니다.

넷째 하나님 앞에서 사는 종말론적인 삶을 사는 것입니다. 그것은 쓸
　　　모 있는 삶, 필요한 삶, 유익을 주는 삶, 하나님께 영광을 돌리
　　　는 삶입니다.

담대 하라

(잠28:1-9)

　오늘 본문 1절에 "의인은 사자같이 담대하니라"고 했습니다. 그래서 오늘 새벽에는 '담대 하라'는 제목으로 은혜를 나누려고 합니다. 우리가 잘 아는 여호수아서 1:6절에 보면 여호수아가 모세의 후계자가 되었을 때 "강하고 담대 하라"고 했습니다. 담대함은 새롭게 직분을 받은 사람은 물론 오늘을 살아가는 우리에게 꼭 필요한 것은 담대한 마음입니다.

1. 악인과 죄인은 불안함

　악인과 죄인은 불안합니다. 1절 상 반절에 "악인은 쫓아오는 자가 없어도 도망하나"라고 했습니다. 왜냐하면 죄와 악이 뒤를 따라오기 때문에 항상 불안한 것입니다.

2. 의인은 담대함

　의인은 담대합니다. 왜냐하면 먼지를 떨어 보아도 더러운 것이 없기 때문입니다. 그러나 인간의 노력으로는 아무리 수양을 하고, 선행을 해도 하나님 앞에서는 "의인은 없나니 하나도 없다."고 했습니다. 예수님의 보혈로 깨끗함을 받고, 믿음으로 의롭다 함을 받아야 합니다.

3. 순종하는 자는 담대함

　'순종하는 자'는 담대할 수 있습니다. 왜냐하면 주변 환경을 보지 않고, 오직 능력의 주님만을 보기 때문입니다. 베드로가 주님께서 물 위로 오심을 보고 자기도 물 위로 걷기를 원했습니다. 주님께서 오너라고 했습니다. 베드로가 물위로 걷기 시작하였습니다. 그러나 바람 소리를 듣고, 파도치는 물결을 보면서 의심하기 시작하였습니다. 그러자 물 아래로 가라앉기 시작하였습니다. 순종은 용기를 주고 담대할 수 있지만 의심은 불안하게 만듭니다.

4. 담대해지는 비결

담대해지는 비결은 의인이 되고 순종하는 것입니다. 그것 외에는,

(1) 온전한 믿음을 가져야

주님께 대한 '믿음을 가져야' 담대할 수 있습니다. 기독교의 역사를 보면 큰일을 이룬 사람들은 학력이 높은 사람도 아니고, 돈이 많은 사람도 아니고, 주님이 함께하시면 모든 것을 할 수 있다는 믿음을 가진 사람들이었습니다.

(2) 주님이 나와 함께 하심을 볼 때

(예화) 강아지의 담대함. 큰 개가 덤벼도 무서워하지 않고, 사람들이 있어도 두려워하지 않는다.

(3) 사명감과 비전이 있을 때

사명감이 있고, 비전이 있을 때 담대할 수가 있습니다. 저는 겁이 없는 사람입니다. 왜냐하면 눈이 작아서 보이는 것이 없거든요. 저는 하나님만을 두려워합니다. 국회에 있는 예배당에서 제가 한 설교의 제목은 '너희는 똥이다'라는 것이었습니다. 끝난 뒤에 한 제자가 어떻게 그런 이야기를 용감하게 말씀할 수 있습니까? 하고 물었습니다. 저의 대답은 눈이 작아서 사람들은 보이지 않기 때문이라고 했습니다.

대인관계에서 성공하는 비결

(롬12:14-21)

본문은 관계적 존재인 우리들이 어떤 대인 관계를 가져야 할 것인가?
에 대한 내용입니다.

1. 핍박하는 자를 축복

14절에 "핍박하는 자를 축복하라"고 했습니다. 스데반 집사는 그를
핍박하는 자를 위해서 기도했습니다. 행 7:60절에 보면 스데반은 순교
하면서도 "주여 이 죄를 저들에게 돌리지 마옵소서"하고 기도했습니다.
이것은 마침내 바울을 얻는 결과를 가져왔습니다. 그래서 어거스틴은
"기독교가 바울을 갖게 된 것은 스데반의 기도 덕분이다"라고 했습니다.

2. 즐거워하는 자들로 함께 즐거워함

15절에 "즐거워하는 자들로 함께 즐거워하고, 우는 자들로 함께 울라"
고 했습니다.

울음은 가장 강한 결속력을 가져다줍니다. 함께 기뻐하는 것은 더 어
렵습니다. 내 자아가 죽을 때 가능합니다.

3. 마음을 같이 하여 삶

16절에 "서로 마음을 같이 하여 살라"고 했습니다.
이것은 분쟁이 교회 성장의 장애가 되기 때문입니다.

4. 높음보다 낮음으로

16절에 "높은 데 마음을 두지 말고 도리어 낮은데 처하라"고 했습니다. 겸손은 인격의 근본이고, 하나님의 축복을 담는 보석 상자이기 때문입니다.

5. 보복을 하지 않음

다음은 보복을 하지 말라고 했습니다(17절).

"아무에게도 악을 악으로 갚지 말고." 인간은 누구나 보복하고 싶은 충동이 있습니다. 그러나 우리는 충동에 좌우되어서는 안 됩니다. 이런 부정적인 사고에서 벗어나 오히려 "모든 사람 앞에서 선한 일을 도모하라"고 했습니다. 도모한다는 말은 심사숙고한다는 뜻입니다. 여기서 모든 사람이란 말은 불신자와 신자, 타종교자들을 다 포함하는 말입니다.

6. 더불어 화평함(18절).

인간은 더불어 사는 존재입니다. 그러나 한국 사람들은 더불어 사는 것보다 경쟁하여 일등을 하려고 하는 경향이 강합니다. 우리들에게 가장 소중한 것은 화평입니다. 위로는 하나님과 그리고 아래로는 이웃들과의 화평입니다.

7. 원수 갚기는 하나님께 맡김(19절).

내가 원수를 갚는 것은 하나님께 불순종하는 것이고 하나님께 대하여 월권하는 것입니다. 중요한 것은 원수를 갚는 것은 하나님의 뜻도 아니고 비진리입니다.

8. 원수가 주릴 때에 먹임(20절)

이 구절은 대인관계에서 가장 어려운 문제입니다. 적극적으로 원수가 주릴 때에 먹이는 것은 쉽지 않습니다. 그러나 그렇게 할 때 원수가 나의 신복이 되고 측근이 됩니다.

9. 선으로 악을 이김

"악에게 지지 말고, 선으로 악을 이기라"(21절).

악에게 진다는 말은 상대방이 악으로 대할 때에 똑같이 악한 방법으로 대하는 것을 말합니다. 그러나 대응 폭력은 끝없는 폭력을 낳습니다. 그리스도인의 차이점은 선으로 악을 이기는 것입니다. 진정한 사랑만이 악인의 강퍅한 마음을 회개시킬 수가 있습니다.

우리는 우리의 힘으로 할 수 없는 화평의 방법을 살펴보았습니다. 결국 우리는 기도할 방법밖에는 없습니다. 오직 예수님의 사랑만이 악을 이길 수 있는 힘이 되기 때문입니다.

더욱 높이니라

(단3:17-30)

1. 다니엘의 성공은 부모의 신앙교육의 결과

다니엘은 요시아의 종교개혁이 일어난 주전 621년 조금 앞서서 유대 귀족의 가정에서 태어난 사람입니다. 어쩌면 선지자라기보다는 정치가라고 해야 할 것입니다. 그는 다니엘서 1:3절에 여호야김 3년, 주전 605년 1차 포로로 바벨론으로 잡혀 갔다고 말씀하고 있습니다.

성경을 통하여 다니엘의 부모에 관해서 몇 가지를 알 수 있습니다.

(1) 유일신 신앙을 넣어줌

부모들이 다니엘에게 유일신 신앙을 넣어주었다는 것입니다.

(2) 음식에 관한 규례 철저

레위기 11장에 나오는 음식에 관한 규례가 철저했다는 것입니다.

(3) 철저한 기도생활

다니엘이 철저한 기도생활을 했는데 이것은 부모들의 기도생활에서 배운 생활교육의 결과입니다.

(4) 비전이 있는 사람

다니엘은 비전이 있는 사람이었다는 점인데 이것도 부모의 교육에서 비롯된 것입니다.

비전은 기도생활을 통해서 얻어지기 때문입니다.

자녀를 위한 가장 좋은 방법과 투자는 잠언 22:6절에 "마땅히 행할 길을 아이에게 가르치라. 그리하면 늙어도 그것을 떠나지 아니하리라." 고 하였습니다. 하나님의 말씀을 어릴 때부터 가르치는 것입니다. 이것보다 더 좋은 교육은 없습니다.

2. 다니엘의 신앙

첫째 다니엘은 유일신 신앙에 철저했던 사람입니다.

둘째 다니엘은 레위기서에 기록된 음식에 관한 규례에 철저한 사람이었습니다.

그가 채식주의자라서가 아니라 하나님의 말씀을 지키기 위해서입니다. 그래서 우상과의 접촉을 통해서 더럽혀진 음식을 피하였던 것입니다. 그런데 이 신앙을 위하다가 어려운 일을 당하기도 하였습니다.

하나님께서는 하나님을 위하여 고난을 택한 다니엘을 크게 성공하게 하셨습니다. 그것은 느브갓네살의 꿈 때문이었습니다. 아무도 꿈을 알아내거나 설명하지 못할 때에 다니엘만 꿈을 해석한 것으로 인해 바벨론 제국 전체를 다스리는 총리가 된 것입니다.

이와 같이 다니엘에게서 성공의 비결은 그의 기도 생활과 하나님 말씀에 대한 순종을 세상의 성공이나 출세, 자신의 생명보다 귀하게 여겼고 하나님만 의지할 뿐 세상과 타협하지 않았기 때문이었습니다. 그리고 이렇게 참된 신앙인으로 키운 것은 그의 부모님들의 신앙의 모범이었습니다.

성경은 하나님을 존귀히 여기면 하나님도 그를 존귀하게 여기신다고 하셨습니다(삼상2:30)

더욱 큰 은사를 사모하라

(고전 12:27-31)

1. 우리는 그리스도의 몸이며 지체(27절)

이 말씀은 우리는 다 왕 되신 그리스도의 명령에 순종하는 한 지체며 일부요 도구라는 뜻입니다. 그런데 불행하게도 주님을 내 마음대로 이용하고, 내가 원하는 대로 이루는 협력자로만 알고 있는 경우가 있습니다. 그렇다면 회개해야 합니다.

2. 교회의 직분은 다 하나님이 세우신 것임(28절)

누가 세웠다고요? 하나님이 세우셨습니다. 물론 사람들을 통해서 세우시지만 그러나 중요한 것은 하나님께서 세우신 것입니다.

(1) 직분을 거절할 수 없음

그러므로 우리는 하나님이 주신 직분을 거절할 수 없습니다.

모세는 거절했는데 그것은 겸손해서입니다. 사울왕도 거절했는데 그것도 겸손 때문이었습니다. 그러나 하나님의 뜻인 것을 알고 난 후에는 순종하였습니다. 끝까지 불순종할 때에는 회개하고 다시 돌이키지 않으면 하나님의 도구로 쓰임 받을 수는 없습니다. 우리는 하나님의 주신 직분을 두려워 떠는 마음으로 받아야 합니다. 내가 싫은데 무슨 말이 많아, 한다면 그것은 옳지 않습니다. 하나님으로부터 복을 받을 수는 없습니다.

(2) 교회 직분은 자원할 수 없음

하나님의 뜻일 때에는 하나님께서 당회와 교인들을 통하여 택하시고 일하게 하십니다. 자기 마음대로 직분을 만들고 행사할 수 없습니다.

(3) 자기가 원하는 자리로 갈 수 없음

교회 직분은 자기가 원하는 자리로 갈 수도 없습니다. 사람이 원하는 자리와 하나님이 원하는 자리가 틀리는 경우가 너무 많습니다. 그러므로 교회의 질서를 존중해야 합니다.

(4) 직분을 귀중하게 여겨야

하나님이 주신 것이므로 모든 직분을 귀중하게 여겨야 합니다.

너무 작다고 불평해도 안 되고, 크다고 투정부려도 안 됩니다. 하나님이 주신 것은 다 소중한 것입니다.

3. '큰 은사'를 사모해야 함

우리는 다 '큰 은사'를 사모하시기 바랍니다.

왜냐하면 31절에 "너희는 더욱 큰 은사를 사모하라"고 명령하였기 때문입니다.

왜 바울은 더욱 큰 은사를 사모하라고 했을까요?

(1) 작은 것에만 머물려고 하기 때문

대개가 작은 것에만 머물려고 하기 때문입니다. 아이들은 이유식을 할 때 반항합니다. 기저귀를 끊으려고 할 때 반항합니다. 자기 손으로 먹게 하면 엄마가 먹여주기를 바라고 엄마 아 하고 말합니다. 왜 작은 것에 머물라고 할까요? 그것은 더 큰 은사를 보지 못하기 때문입니다. 그것은 현재가 더 익숙하기 때문입니다.

그러면 여기서 말하는 가장 큰 은사는 무엇일까요?

첫째는 지혜의 말씀이고

둘째는 지식의 말씀입니다. 지혜의 말씀은 분별력이고, 지식의 말씀
    은 성경에 대한 지식과 가르치는 능력이 다릅니다.

셋째는 믿음입니다.

넷째는 병 고치는 은사입니다. 제일 작은 은사가 방언입니다.

그런데 중요한 것은 하나님은 교회를 위하여 은사를 주십니다. 그러
므로 은사를 주시는 분은 성령님이십니다. 내가 결정하는 것이 아닙니
다. 하나님이, 성령님이 결정하여 주십니다.

그러므로 우리가 어떤 은사를 받았든지 중요한 것은 나를 위해서 사
용하는 것이 아니라 교회를 위해서 사용해야 한다는 점입니다.

4. 하나님께서 주시는 은사

끝으로 하나님께서 제일 좋은 길을 보이실 것을 믿으시기 바랍니다.

무엇이 가장 좋은 은사입니까? 객관적으로는 말씀에 관한 것이지만
그러나 그것은 목회자에게 그렇고, 성도들에게는 믿음과 사랑입니다.
그러나 더 좋은 것은 하나님이 결정하여 주시는 것이 제일 좋습니다.
하나님은 우리보다 우리에게 더 좋은 것이 무엇인지를 가장 잘 아십니
다. 그러므로 믿고 순종하시기를 축원합니다. 받은 것으로 감사하고, 받
은 것으로 족한 줄 아시기 바랍니다.

그러므로 우리는 오늘도 주여, 내게 가장 좋은 은사를 주십시오, 하
나님께서 원하는 것, 교회에 유익이 되는 것을 주십시오, 하고 기도할
수 있기를 축원합니다.

덕을 세우는 삶

(잠18:18-24)

덕이란 기독교 신앙생활의 근본입니다. 오늘은 덕에 대해서 말씀드리려고 합니다.

1. 교만한 마음을 버림

덕을 세우려면 교만한 마음을 버려야 합니다(12절).

인간에게는 명성도 중요하지만 덕을 쌓는 일이 아주 중요합니다. 그래서 고전 14:12절에서 "교회의 덕 세우기를 위하여 풍성하기를 구하라"고 했습니다. 그런데 이 덕이란 일시적으로 얻는 것이 아닙니다. 오랜 세월 동안 끊임없는 노력으로 되는 것입니다. 부는 집을 윤택하게 하여도 덕은 몸을 윤택하게 합니다. 이 덕에서 가장 중요한 것이 겸손입니다. 나는 부족하다는 것을 늘 느끼는 사람만이 덕을 쌓을 수 있습니다.

2. 조급심을 버려야(13절).

덕을 세우려면 말과 행동에 조심해야 하는데 조급하면 이 모든 일에 실수를 하게 됩니다. 완벽한 사람이라도 조급하면 실수를 범하게 됩니다. 덕은 신중을 기할 때 이루어집니다. 현대인의 약점은 조급함입니다. 더구나 우리 한국 사람들의 문제점은 '빨리 빨리 철학'입니다. 그래서 공사에도 문제가 많고, 사업에도 문제가 많습니다. 미국 사람들 하는 일을 보면 적어도 백년 앞을 내다봅니다. 그러나 우리는 10년 이후를 생각지 못합니다. 그러나 10년 이후를 본 사람이 있습니다. 정주영 씨와 이병철 씨입니다. 정주영 씨는 10년 이후를 생각해서 경부선 고속도로를 놓는 일에 협력하였고, 이병철 씨는 10년 이후를 생각해서 일본에 사람들을 보내서 반도체를 연구하게 하였습니다. 그래서 오늘의 삼성을 세계적한 기업으로 만들었습니다.

3. 말을 조심해야(21절).

인간관계는 말을 통해서 연결됩니다. 그런데 말이란 감정과 심리에 연결되어 있기 때문에 상대방의 마음을 헤아릴 수 있어야 합니다. 저는 귀국해서 제일 어려움을 겪은 것이 우리민족은 남의 마음을 전혀 헤아리지 않는다는 데 있습니다.

가래침을 길거리에 함부로 내뱉는다든지, 길을 막고 서있다든지, 조금 늦었다고 뒤에서 빵빵거린다든지, 차가 막혔을 때 하나하나씩 교대로 가야 하는데 자기만 생각하고, 그냥 막아서 신호가 바뀌어도 움직이지를 않아 결국 서로 손해를 보는 일을 하는 것을 볼 때마다 남을 헤아리는 마음이 중요하다는 것을 많이 느낍니다.

양보란 남을 헤아리는 마음에서 생깁니다. 교회에서 자동차를 주차할 때 5분만 일찍 오면 남들이 운전할 수 있도록 할 수 있는데 시간 딱 맞추어서 오면 다른 사람도 그렇게 생각해서 결국은 서두르다가 결국 마음들이 상하게 되고 은혜를 받지 못합니다.

또 앉을 때에도 앞에서 차례로 앉으면 늦게 오는 분들이 뒤에 앉아서 예배를 드릴 수 있습니다. 그러나 뒤에서부터 앉습니다. 물론 뒤에 앉을 자유가 있습니다. 그러나 남을 헤아리는 마음은 아닙니다. 그것이 사랑의 실천입니다. 그런 배려하는 마음을 가질 수 있기를 축원합니다.

도마의 신앙

(요20:24-29)

  도마는 의심이 많은 사람이었습니다. 그러나 그의 그 의심은 맹목적인 의심이 아니라 목적이 있는 의심이었습니다. 그것은 진리를 알고 싶어 하고 확인하고 싶어 하는 의심이었습니다.

1. 의심의 문제점

  (1) 의심은 절망에 이르게 함

  의심이 바다보다 크고 깊기 때문에 한 번 빠지면 헤어나기가 힘듭니다. 왜냐하면 의심은 사막의 신기루처럼 있는 것 같은데 가보면 없어 결국 절망에 빠져 죽게 됩니다.

  (2) 의심은 인간의 마음속에 있는 지옥

  일단 의심하기 시작하면 미움이 싹트고 나중에는 부글부글 끓고 터집니다. 거기에 고통이 있고 괴로움이 있습니다.

  (3) 의심은 캐묻기를 좋아하는 불안한 현대의 병폐

  현대의 교인들은 말은 않고 있지만 속에는 다 자기의 의견이 있습니다. 무조건 믿는 시대가 아닌 것입니다. 그러므로 수직적으로 억누르려고만 해서는 안 됩니다.

(4) 솔직하고 철저한 의심

의심은 우리로 하여금 부정적인 사고를 갖게 하는 위험한 것이지만, 그러나 솔직하고 철저한 의심은 우리로 하여금 확실한 토대를 갖게 합니다.

우리의 의심이 믿음으로 변해야 우리는 축복을 받을 수 있습니다.

2. 도마의 의심

(1) 과학적이고 합리주의적인 사고방식 때문

도마는 다른 제자들과 달리 과학적이고, 합리주의적인 사고방식을 가지고 있었기 때문입니다.

내 눈으로 확인하기 전에는, 내가 이해하기 전에는 믿을 수 없다는 것입니다. 사실 의심이 전혀 없는 사람은 믿음도 형식적이고, 건성으로 믿는 경우가 많습니다.

(2) 있어야 할 자리에 없어서

가장 큰 문제는 도마가 어떤 이유에서인지는 몰라도 부활의 주님이 오셨을 때 24절에 보면 "도마는 예수께서 오셨을 때에 함께 있지 아니한지라"라고 했습니다. 그 자리에 없었다는 것이 문제입니다. 그러므로 우리는 있어야 할 자리에 있어야지 빠지지 말아야 합니다.

(3) 의심이 오히려 진리로 인도해 줌

도마가 의심만 하고 있었다면 그는 불신자로 끝났을 것입니다.

그러나 그는 자기의 의심을 확인하려는 간절한 마음이 있었기 때문에 그의 의심은 오히려 진리로 인도해주었습니다.

3. 도마의 변화

(1) 처음에는 그냥 의심(25절).

"도마가 이르되 내가 그의 손의 못 자국에 넣으며 내 손을 그 옆구리에 넣어 보지 않고는 믿지 아니하겠노라 하니라." 그러나 이 의심은 확인이 되면 믿겠다는 조건적 의심입니다.

(2) 의심 없이 믿음

27절에 보면 도마는 확인하고 싶은 조건을 허락하기도 전에 주님의 "믿음 없는 자가 되지 말고, 믿는 자가 되라"는 말씀만 듣고 믿었습니다.

그런데 막상 주님께서 도마에게 "봐라, 만져보고 확인해 보라"고 했을 때 도마는 실제로는 그렇게 하지 않았습니다. 그냥 믿었습니다. 말씀만 듣고 그냥 믿었습니다. 이것이 중요합니다.

(3) 말씀만 듣고

도마는 그가 말한 대로 주님의 손과 옆구리의 못 자국을 만져보지 않고, 다만 주님의 얼굴만 보고, 그의 말씀만 듣고, 즉각적으로 신앙고백을 했습니다(28절).

"도마가 대답하여 이르되 나의 주님이시오, 나의 하나님이시니이다"(28절). 신앙고백은 성령께서 마음속에서 역사할 때에 즉각적으로 응답하고, 신앙고백을 해야 합니다.

중요한 것은 믿음의 씨앗은 성령께서 택함 받은 사람에게만 주신다는 것을 알아야 합니다.

동행자에 따라

(잠13:19-25)

사람은 항상 누구를 따라갑니다. 그래서 "친구 따라 강남 간다"는 말이 있습니다. 그러나 따라가는 것에 의해서 결과는 전혀 달라집니다. '모진 놈 옆에 있다가 벼락 맞는다'는 말이 있는가 하면, '원님 덕에 나팔 분다'는 말도 있습니다.

부동산 투자를 많이 하는 사람을 친구로 둔 사람들은 자연히 부동산 투자를 많이 해서 돈을 법니다. 또 주식투자를 많이 하는 친구를 가진 사람은 주식투자를 해서 재미를 보는 사람도 있고, 남의 돈으로 하다가 쫄딱 망하는 사람도 있습니다. 또 어떤 분들은 도박을 좋아해서 5천불만 생기면 라스베이거스에 안 가고는 못 배기는 사람이 있는데 그 친구도 도박에 물이 드는 것을 보았습니다.

오늘은 동행자에 따라 모든 것이 결정된다는 주제로 함께 은혜를 나누려고 합니다.

1. 동행의 성격

(1) 매일 매일의 만남으로 인한 영향

사람은 매일 사람들과 만납니다. 실제로도 만나고, 전화나 편지로도 만납니다. 그들에 의해서 우리에게 많은 영향이 있습니다. 그러므로 우리는 만남을 조심해야 합니다.

(2) 직장에서의 만남

직장은 규모에 따라 만남이 다릅니다만, 그러나 아무튼 상사나 동료와 고객의 만남에 따라 많은 영향을 받습니다. 여기서 결혼이나 친구가 결정되기도 합니다.

(3) 교회에서의 만남

교회에 나오는 분들은 일반적으로 선량합니다. 그러나 교회 안에는 가지각색의 사람들이 나오기 때문에 그 안에서도 만남을 조심해야 합니다. 부정적인 사고를 하는 사람들을 만나면 항상 불평과 원망이 많아 은혜를 받지 못합니다. 어떤 분들은 아주 경건하고, 긍정적인 분들이 있는데 그런 분들을 만나면 자신의 믿음도 좋아지고, 계속 발전이 있습니다.

(4) 일생의 친구인 부부의 만남

「한국의 부자들」이란 책을 보면 부자들은 다 아내를 잘 둔 사람들입니다. 왜냐하면 혼자의 힘으로 성공하는 것은 불가능하기 때문입니다.

(5) 이생과 내세에 영향을 주는 종교와의 만남

각 나라를 여행해 보면 인종에 따라 종교도 다르고, 그들의 사고방식은 물론 운명도 다른 것을 많이 볼 수 있습니다. 이것은 개인도 마찬가지입니다. 어떤 종교를 갖느냐에 따라 그 사람의 운명이 변한다는 말입니다. 또 같은 기독교라도 목사의 목회철학에 따라 교인들의 색깔이 다르다는 말입니다.

2. 통행의 결과

20절에 보면 동행에 따라 지혜를 얻는 사람이 있고, 해를 받는 사람이 있다고 했습니다. 21절에서는 동행에 따라 재앙이 있기도 하고, 선한 보응이 있기도 한다고 했습니다. 28절에 보면 동행에 따라 산업이 있고, 남의 닭장에 알을 낳는 닭처럼 헛된 수고만 하는 사람도 있다고 했습니다. 25절에 보면 동행하는 사람에 따라 포식하는 사람도 있고, 주리는 사람도 있다고 했습니다.

3. 참 목자 되신 예수님과의 만남

가장 중요한 것은 우리의 참 목자 되신 예수님과 만나고, 그와 동행하는 자가 복이 있습니다. 어떻게 해야 주님과 동행할 수 있습니까? 세 가지 중요한 방법이 있습니다.

(1) 주님의 제자가 되어 그를 따르면 됨

제자가 되는 비결은 따르는 자, 배우는 자가 먼저 되어야 합니다. 다음에는 요 15:8절에 보면 열매를 맺으면 된다고 했습니다.

(2) 하나님의 말씀에 따라 살면 됨

요 8:31절에 "너희가 내 말에 거하면 참 내 제자가 되고"라고 했습니다.

(3) 레마에 따라 순종하면 됨

기도를 통해서 하나님의 뜻을 발견하여 그 레마에 따라 순종하면 됩니다. 기도는 주님과 만나는 것이고 대화하는 것입니다. 성도가 하나님과 동행하는 최고의 방법은 바로 기도하는 것입니다. 기도를 통해서 에녹처럼 하나님과 동행하여 승리하는 한 해가 되기를 축원합니다.

두 가지 소원

(잠30:7-9)

인간은 누구에게나 소원이 있습니다. 여러분들의 소원은 무엇이입니까? 여러분들의 기도 제목이 바로 여러분들의 소원입니다. 저에게도 소원이 있습니다. 크게 세 가지입니다.

첫째는 제가 인생의 마지막을 아름답게 끝내는 것입니다.

둘째는 제가 직접 책임을 져야 하는 가족들과 자녀들에게 무엇인가 작은 것이라도 남겨주고 싶습니다.

셋째로 제가 살았던 곳에 일조가 되어 하나님께 영광을 돌리고 싶습니다.

그러면 아굴라가 가지고 있었던 소원은 무엇이었습니까?

1. 허탄(헛된 것)과 거짓말을 멀리하게

(1) 헛된 것은?

시편 31:6절에 보면 '우상숭배'를 허탄한 것이라고 했습니다. 약 2:20절에서는 '행함이 없는 믿음'을 허탄한 것이라고 했습니다. 벧후 2:18절에 보면 '세상의 자랑'이 허탄한 것이라고 했습니다. 이런 허탄한 것을 다 버릴 수 있기를 축원합니다.

(2) 거짓말을 멀리하라고 함

요일 2:22절에 보면 "예수께서 그리스도이심을 부인하는 자"가 거짓

말하는 자라고 했습니다. 거짓말이란 진리에서 떠난 모든 것은 다 거짓말입니다.

2. 가난하게도 말고, 부하게도 말게

이유가 무엇입니까? 9절에 그 이유가 나옵니다.

첫째로 돈이 많으면 교만해져서 종교고 신앙이고 무시하기 쉽습니다.

둘째로 너무 가난하면 도둑질하고 사기 치기 쉽기 때문입니다. 그러면 그 사람이 무슨 교회에 나간다면서 하며 하나님의 영광을 가리기 때문이라고 했습니다.

3. 우리의 소원과 기도

모든 것을 알맞게 갖는 것이 최고의 복입니다. 세상에는 많아서 좋은 것도 있지만 많아서 나쁜 것도 많기 때문입니다. 그래서 우리의 소원과 기도는 알맞게 달라고 기도해야 합니다. 그릇은 작은데 많이 받으면 넘치게 되고, 그릇까지 깨지게도 됩니다.

맺는말

우리는 아굴라가 구한 것이 너무도 작은 것에 놀랍니다.

"나로 가난하게고 마옵시고, 부하게도 마옵시고, 오직 필요한 양식으로 내게 먹이시옵소서"(잠30:8).

많이 받은 자에게는 많이 찾으신다고 했는데 바라기는 탐욕에 빠지지 않는 그런 소원과 기도를 할 수 있기를 축원합니다.

두 가지 종류의 근심

(고후7:10-16)

이 세상에는 근심이 많습니다. "이 세상에 근심된 일이 많고 참 평안을 몰랐구나."(474장 1절). 그러나 모든 근심이 다 똑같은 근심은 아닙니다.

오늘 본문을 보면 두 가지 종류의 근심이 있다고 했습니다. 다 같이 10절을 읽겠습니다. 여기에 보면 "하나님의 뜻대로 하는 근심"이 있고, "세상근심"이 있다고 했습니다.

1. 두 근심의 차이점

(1) 하나님의 뜻대로 하는 근심

10절에서 바울은 두 가지를 말씀하고 있습니다.

첫째 후회할 것이 없다고 했습니다.

둘째 구원에 이르게 하는 회개를 이룬다고 했습니다.

그러나 11절에서 좀 더 많은 것을 말씀하고 있습니다. 하나님의 뜻대로 하는 근심은 많은 변화를 가져왔다는 것입니다. 바울은 그 예로 간절하게 하며(교회를 향한 열성), 변명하게 하며(그리스도를 통한 변호), 분하게 하며(의분), 두렵게 하며(죄를 두려워하는 마음), 사모하게 하며(영의 세계를 그리워하는 마음), 열심 있게 하며(열정), 벌하게 하였는가(징계하는 정신)을 갖게 되었다는 것입니다.

(2) 세상 근심은?

"사망을 이루는 것이라"고 했습니다. 왜 사망을 이룹니까?

첫째는 절망하게 되기 때문입니다. 절망은 죽음에 이르는 병입니다.

둘째는 모든 것을 포기하기 때문입니다.

셋째는 부정적으로만 생각하기 때문입니다.

2. 두 근심의 본질

사실 우리가 가지고 있는 대부분의 근심은 세상 근심입니다. 자신에 대한 근심, 자식들에 대한 근심. 그래서 옛날 분들은 '무자식 상팔자'라고 했습니다. 그러나 반드시 그런 것만은 아닙니다. 남의 어린 자식을 훔쳐서 키우기도 하기 때문입니다.

그러면 하나님의 뜻대로 하는 근심은 어떤 근심입니까? 예를 들면 이런 것입니다. 내가 어떻게 하면 구원을 받을까? 내가 어떻게 하나님의 사랑을 받을까? 내가 어떻게 하나님과 동행할까? 나의 죄를 해결하는 비결은 무엇인가? 기도는 어떻게 해야 하며, 성경은 어떻게 읽어야 하는가? 이런 것들입니다.

3. 우리는 어떻게 해야 하는가?

먼저 세상 근심은 다 주님께 맡겨서 해결 받아야 합니다. 주님은 수고하고 무거운 짐 진 자들아 다 내게로 오라 내가 너희를 쉬게 하리라고 약속했기 때문입니다.

오직 우리가 근심할 것은 어떻게 내 믿음을 키울까? 어떻게 교회를 통해서 하나님께 영광 돌릴까? 영적 세계의 축복을 바라보면서 염려하고 근심하는 것입니다. 그러면 믿음의 세계에 더 깊이 들어가게 될 줄로 믿습니다.

두 가지 종류의 자랑

(고후8:16-24)

사람은 누구나 자랑하기를 원합니다. 그러나 대부분의 경우 우리의 자랑은 텅 빈 것일 경우가 많습니다. 그동안 황우석 교수의 줄기세포의 연구는 한국의 자랑이었습니다. 그러나 이제는 그것이 우리의 치욕이 되고 있습니다. 세상의 자랑이란 항상 그런 것입니다. 본문 24절에 보면 "우리 자랑의 증거를 저희에게 보이라"고 했습니다. 자랑하라는 것입니다. 무엇을 왜 자랑하라는 것일까요? 자랑에는 크게 두 가지 종류가 있습니다. 꼭 해야 할 자랑이 있고, 하지 말아야 할 자랑이 있습니다.

1. 꼭 해야 할 자랑

(1) 하나님

먼저 자랑할 것은 '하나님'이십니다. 시 34:2절에 "내영혼아 '여호와로 자랑'하리니 곤고한 자가 이를 듣고 기뻐하리로다"고 했습니다. 44:8절에서는 "우리가 종일 '하나님으로 자랑'하였나이다. 우리가 하나님의 이름을 영원히 감사하리리이다"고 했습니다. 하나님 자랑은 아무리 해도 부족함이 없습니다.

(2) 십자가 자랑

다음에 자랑할 것은 '십자가'를 자랑해야 합니다. 갈 6:14절에 "그러나 내게는 우리 주 예수 '그리스도의 십자가 외에 결코 자랑할 것이 없으니' 그리스도로 말미암아 세상이 나를 대하여 십자가에 못 박히고 내가 또한 세상을 대하여 그러 하니라"고 했습니다. 사실 나를 나 되게 한 것은 바로 십자가입니다. 그러므로 십자가만을 자랑하는 우리들이 되기를 축원합니다.

(3) 약한 것을 자랑

우리의 약한 것을 자랑해야 합니다. 참 이상한 자랑입니다. 그러나 거기에는 깊은 뜻이 있습니다. 고후 11:30절에 "내가 부득불 자랑할진대 나의 '약한 것을 자랑'하리라." 왜 그럴까요? 약한 것을 깨달을 때, 더 강한 것 즉 하나님과 예수 그리스도를 붙들게 되고, 십자가를 더욱 의지하게 되기 때문입니다.

(4) 주 안에서 자랑

세상의 것 중에도 자랑할 것이 있습니다. 그러나 중요한 것은 고후 10:17절의 말씀처럼 "자랑하는 자는 '주 안에서 자랑'할지니라"고 했습니다. 이것이 참으로 지혜로운 자입니다.

2. 하지 말아야 할 자랑

그러나 하지 말아야 할 자랑이 있습니다. 왜 그럴까요? 세상적인 자랑은 바로 멸망의 앞잡이기 때문입니다.

(1) 내일 일

'내일 일'을 자랑하지 말아야 합니다. 잠 27:1절에 "너는 '내일 일'을 자랑하지 말라. 하루 동안에 무슨 일이 일어날는지 네가 알 수 없음이니라"고 했습니다. 이것은 인간의 운명과 미래가 다 하나님의 손 안에 있기 때문입니다.

(2) 사랑

참 '사랑은 자랑하지 않는 것'이기 때문에 우리는 자랑하지 말아야 합니다. 고전 13:4절에 "사랑은 자랑하지 아니하며"라고 했습니다.

(3) 큰 자랑

대개의 경우 '큰 자랑 꾼은 가장 작은 일꾼'이기 때문입니다. 깊은 강은 소리 없이 흐릅니다. 그러나 개울은 소리 내어 흐릅니다.

맺는말

그러므로 세상 것은 자랑하지 말고, 오직 하나님과 십자가만을 자랑하는 우리들이 되시기를 축원합니다. 거기에는 자랑의 근거가 확실하고, 분명하기 때문입니다.

두로의 멸망

(사23:1-14)

1. 두로는 페니키아하구 도시

'두로'란 나라는 이스라엘의 북쪽 페니키아에 있는 항구도시입니다.

지금의 레바논에 해당합니다. 당시 두로는 여러 민족과 광범위한 무역을 통해서 부강한 나라가 되었습니다. 쉽게 말하면 상업도시입니다. 4절과 8절에 보면 식민지까지 거느리고 있을 정도로 부요했다고 했습니다. 구약에 나오는 악처의 대표인 이세벨이 바로 두로 왕의 딸이었습니다(왕상16:31).

당시 시돈은 페니키아 도시들 중에 가장 오래된 도시였습니다. 창 10:15절에 보면 가나안의 아드에 의해서 창설된 도시로 되어 있습니다. "가나안은 장자 시돈과 헷을 낳고". 시돈은 가나안의 가장 중요한 요새지이기도 했습니다. 그래서 페니키아와 시돈은 서로 교대적으로 사용할 정도였습니다. 심지어 두로의 왕을 시돈의 왕이라고 부르기도 했습니다(왕상16:31).

예수님 당시에는 막 7:24절 이하를 보면 수로보니게 여인의 귀신 들린 딸을 고쳐주신 이야기가 나옵니다. 그러므로 두로는 사마리아에 큰 영향을 주는 항구도시였습니다.

2. 두로가 해야 할 것

(1) 슬피 부르짖어라

6절에 보면 "너희는 슬피 부르짖을지어다"라고 했습니다.

당시 두로는 부와 쾌락의 장소였던 "희락의 성"(7절)이었습니다. 이사야는 이런 일이 왜 일어났는가를 깨달으라고 말합니다. 당시 두로는 '방백들'과 '세상에 존귀한 자'로 대우를 받았습니다. 이사야가 강조하는 것은 '누가 이 일을 정하였느뇨?'하면서 하나님의 주권을 깨닫기를 요청하였습니다.

(2) 9절은 8절의 질문에 대한 해답

"만군의 여호와의 정하신 것"이라고 했습니다.

그러면 그 이유는 무엇인가요?

9절 하반절에 말씀합니다. "모든 영광을 욕되게 하시며, 세상의 모든 존귀한 자로 멸시를 받게 하려 하심이니라." 그러므로 아무리 강력한 나라라도 하나님께서 계획하시면 멸망할 수밖에 없는 것이라고 했습니다.

(3) 급히 중단될 것

10절에서는 모든 것이 급히 중단될 것으로 예언하고 있습니다.

"다시스의 딸아, 너의 땅으로 돌아가서 땅이나 갈아라. 이제 너에게는 항구가 없느니라". 항구가 없어졌기 때문에 더 이상 애굽의 곡물을 접할 수 없게 되어(10절) 희락은 멈출 것이라고 했습니다(12절). 그러므로 다시스는 누구도 의지할 수 없게 되어 결국 홀로 존재하게 될 것이라고 했습니다.

(4) 성을 훼파

11절에서 "손을 펴사 열방을 흔드시며…. 그 견고한 성을 훼파하게 하시고"라고 했습니다.

그러면 왜 이러한 재난이 오는가?

그것은 이사야가 언급했습니다.

첫째 여호와의 섭리와 계획 때문이고.

둘째 교만한 자들을 낮아지게 하는 심판을 하기 위해서입니다.

3. 두로가 멸망당한 이유

그것은 앗수르나 바벨론에 의해서 멸망당하는 것이 아니라 이스라엘의 거룩한 자, 여호와로 말미암아 이루어지는 것이라고 했습니다. 물론 당시 이런 것을 주장할 아무런 증거도 이사야는 가지고 있지 않았습니다. 그러나 중요한 것은 하나님께서 그렇게 말씀하셨다는 것입니다.

하나님의 계획과 목적은 임의적인 것이 결코 아니었습니다. 두로를 싫어하셔서 멸망케 하신 것이 아닙니다. 오히려 모든 국가들로 하여금 창조주에 대하여 자신을 높이고자 하는 교만을 심판하기 위해서인 것입니다. 인간은 하나님의 형상대로 지음을 받았습니다 그러므로 하나님만을 의지해야 합니다. 따라서 교만은 심판의 대상이 되는 것입니다.

두로의 회복

(사23:15-18)

1. 칠십 년이 필한 후에

17절에 나오는 '칠십 년이 필한 후에'란 말은 무엇을 의미하는가?

'느브갓네살이 예루살렘을 포위한 해에서 주전 539년에 바벨론이 멸망하기까지'의 기간을 말합니다.

이 70은 완전성을 가리킵니다. 따라서 이 기간은 영적인 의미가 강합니다. 즉 심판의 무한성을 의미하기 때문입니다. 중요한 것은 이사야는 여기서 두로가 심판을 받은 후에는 다시 옛 영광을 찾을 수 있는 기회를 준다고 했습니다.

18절의 말씀은 난해한 구절입니다.

왜냐하면 두로가 음란으로 인하여 벌어들인 것을 여호와께 돌린다고 했기 때문입니다. "그가 다시 추리하여 지면에 있는 열방과 음란을 행할 것이며(17절), 그 무역한 것과 이익을 거룩히 여호와께 돌리고"라고 했기 때문입니다.

신명기 23:18절에 보면 음란으로 벌어들인 것을 여호와께 돌리는 것을 금하고 있습니다. 그러므로 아마 이 구절은 매춘을 무역을 상징하는 표현으로 사용하고 있다고 해석됩니다. 그러나 무역이 본질상 죄악된 것은 아닙니다. 그 이익이 정당하게 주님께 드려질 수 있기 때문입니다.

2. 부에 대한 청지기 직에 대하여

당시 바벨론은 영광과 군사력을 사모했습니다. 두로는 돈과 그것으로 얻을 수 있는 사치와 권세를 사모하였습니다. 다이아몬드가 여자에게 가장 좋은 친구이듯이.

그러나 두로가 발견한 것은 아무리 돈이 많아도 만족이 없었다는 점입니다. 많으면 더 많은 것을 원했기 때문입니다. 정말 만족할 만한 집은 얼마나 커야 하는가? 집에는 얼마나 많은 자동차가 있어야 하는가? 얼마나 많은 tv가 있어야 하는가? 얼마나 많은 옷이 있어야 하는가? 안락한 노후를 위해 얼마나 많은 것을 준비해야 하는가? 지금 우리는 무엇을 추구하고 있나요?

안락, 쾌락, 안전이야 말로 처음부터 인간이 추구했던 것입니다.

무엇이 이런 것들을 가져다줍니까?

돈입니다. 그래서 더 많은 돈, 돈을 원합니다. 따라서 우리는 두로와 마찬가지입니다. 그래서 주님은 마 10:24-25절에 부자가 천국에 들어가기가 어렵다고 했습니다.

왜냐하면

첫째 부자는 하나님 외에 다른 것(돈)을 신뢰하기 때문입니다.

둘째 부자는 다른 나라에 충성하고 있기 때문입니다.

부자는 돈이 고통, 불안, 불안정함에서 자신을 지켜줄 것이라고 믿고 있습니다. 부자 청년처럼 주님이 이런 것을 포기하라고 할 때 못 하듯이 우리도 마찬가지입니다.

그러나 웨슬리는 4가지 원리를 제시합니다.

첫째 나는 재정을 지출할 때 소유주가 아닌 청지기로 행동하고 있는가?

둘째 나는 주님의 말씀에 순종하면서 이 일을 행하고 있는가?

셋째 내가 지출하고 있는 것이 하나님께 드리는 희생 제물로 올려지고 있는가?

넷째 부활의 심판 때 이 일로 말미암아 상을 받는다는 근거가 있는가?

이렇게 네 가지입니다

요컨대 23:18절의 말씀처럼 모든 돈이 "주님을 위해 구별된 것"이란 깨달음을 가져야 합니다.

땅의 주인은?

(전5:8-9)

땅에 대한 성경의 공개념은 땅은 근본적으로 하나님의 것이기 때문에 모든 사람이 사용할 수 있는 것이지만 아무도 내 것이라고 주장할 수 없다는 것입니다. 법적으로는 내가 소유권을 가지고 있지만 내가 참 주인이라는 것은 착각입니다.

우리는 다만 땅의 경작권, 사용권을 가질 뿐이라는 것입니다. 성경은 땅의 주인은 하나님이라고 못을 박고 있습니다. 다시 말하면 땅은 모든 사람들의 것입니다.

1. 본문이 주는 교훈

(1) 이상히 여기지 말아야 할 것

솔로몬은 먼저 이상히 여기지 말아야 할 것에 대해서 말씀하고 있습니다(8절).

첫째 가난한 사람들이 억압을 당하는 것입니다.

둘째 공의를 가로막고, 인권을 무시하는 것입니다.

왜냐하면 그들 위에도 감독하는 상관들이 있고, 또 마지막에는 세상의 감독하는 자들보다 더 높으신 모든 것을 궁극적으로 감찰하시는 하나님이 계시기 때문이라고 했습니다.

이상히 여긴다는 말은 놀란다는 뜻입니다. 다시 말해서 놀라지 말라

는 것입니다. 마지막에 하나님의 심판이 있기 때문에 세상의 모든 불평
등은 범죄한 인간의 한시적인 결정뿐이란 것입니다. 이 말씀은 심판이
있기 때문에 교만하지 말고, 항상 두려워 떨면서 하나님 앞에서 살라는
교훈이기도 합니다.

(2) 땅의 주인은 하나님

땅은 그 주인이 하나님이란 사실을 기억하고, 다 같이 이용하고, 다
같이 그 열매를 먹도록 하라는 것입니다.

이것이 소위 토지의 공개념입니다. 간단히 말하면 우리는 다 청지기
임을 기억하라는 것입니다.

그러면 무엇이 청지기 정신입니까?

첫째 소유권의 원리, 즉 참 주인은 하나님입니다.

둘째 관리권의 원리, 즉 우리는 관리자일 뿐입니다.

셋째 분배의 원리, 즉 모든 분배는 하나님께서 하신다는 것입니다.
하나님께서 모든 것을 능력대로 나누어주십니다. 그러므로 불
만을 갖지 말고 주시는 대로 감사함으로 받아야 합니다..

넷째 청산의 원리, 언제인가는 추수한 것을 가지고 하나님의 계산대
앞에 설 때가 옵니다. 그때에 하나님께서 계산할 것이며, 그 소
출에 따라 칭찬과 상이 있을 것입니다.

다섯째 상급의 원리, 즉 주신 것을 잘 활용하면 칭찬과 상급이 있지
만 활용을 안 하면 심판이 임한다는 것입니다.

2. 우리는 어떻게 살아야 할까?

(1) 하나님만을 바라보고 살아야

'코람데오(하나님 앞에서의 삶)의 삶'입니다.

사람을 보지 말고, 하나님만을 바라보면서 그의 인정과 그의 칭찬을

생각하라는 것입니다.

(2) 하나님의 영광중심의 삶

나의 영광을 버리고 오직 하나님의 열광을 중심으로 살면 하나님께서 우리들에게 그의 영광에 동참케 해주십니다.

(3) 주님의 도구가 되어야

그리스도의 왕국 건설에 주님의 도구가 되어야 합니다. 나의 왕국을 세우려는 헛된 꿈은 버려야 합니다. 오직 그리스도의 왕국을 세우는 도구로서 살아야 합니다.

때를 따라

(전3:9-15)

1. 두 가지의 때

(1) 사람의 때

이것을 '크로노스'라고 합니다.

(2) 하나님의 때

다른 하나는 하나님의 때가 있습니다.

이것을 '카이로스'라고 합니다.

중요한 것은 하나님께서는 하나님의 때에 따라 모든 것을 하신다는 점입니다. 인간의 때에 따라서 하지 않습니다. 11절에 "때에 따라 아름답게 하셨고"라고 했습니다. 그러나 많은 사람들은 하나님의 때에 따라 하지 않고, 자기의 형편에 따라, 사람의 때에 따라, 또는 자기의 이익에 따라 무엇을 합니다. 그래서 솔로몬은 9절에 "그 수고로 말미암아 무슨 유익이 있으랴"라고 한탄했습니다.

그러나 11절에 와서는 "때를 따라 아름답게 하셨고"라고 했습니다. 하나님의 때에 따라 무엇을 할 때에는 아름답다는 뜻입니다.

2. 하나님이 주신 때

그러면 하나님이 주신 때에 우리가 무엇을 해야 열매를 맺을 수 있으며 유익이 됩니까?

　(1) 영원한 것을 찾는 것

　영원을 사모하는 마음을 주셨으니 땅의 것보다는 '하늘의 것을 찾고', 잠깐 있다가 없어지는 것보다는 '영원한 것을 찾는 것'이 보람 있고, 열매를 맺게 됩니다.

　우리에게 영원을 사모하는 마음을 주신 것은 영원한 것이 있기 때문입니다. 그러므로 참 만족은 영원한 하나님 나라의 백성이 될 때 참 만족을 얻습니다.

　(2) 말씀의 저울로 달아 판단

　11절에 '그러나'라고 한 것은 막연히 영원한 것을 찾아서는 안 된다는 것을 말해 줍니다.

　"사람으로 측량할 수 없게 하셨도다"고 한 것은 무슨 뜻입니까?

　인간은 무엇이 긴지 짧은지를 자로 재어서 알고 판단합니다. 그것은 자와 저울이 있어야 알 수 있습니다. 그러므로 본 절의 의미는 말씀의 잣대로 재어서 판단하고 말씀의 저울로 달아서 판단해야 된다는 것입니다.

3. 때를 따라

　때를 따라 무엇을 할 때 인간은 하나님이 주시는 것 외에 더할 수도 없고, 덜할 수도 없음을 기억해야 합니다.

　우리가 할 수 있는 것이 무엇입니까? 어떤 면에서는 아무 것도 없습니다. 왜 그런가요?

　첫째 인간은 잠깐 있다가 사라지기 때문이고

　둘째 인간은 능력이 부족하기 때문입니다.

그러면 우리는 무엇을 해야 합니까?

(1) 절대적 순종

하나님께서 하시는 일을 절대적인 믿음으로 받아들이고, 따라가면 순종하는 것입니다.

인간이 한 것은 다 낙서와 같아서 지워버리고 맙니다. 오직 하나님의 것만이 역사에 남고, 영원합니다.

(2) 하나님의 도구가 되어야

하나님께서는 우리들에게 그의 도구가 되어서 그의 뜻을 이루는 것을 기뻐하시기 때문에 그의 협력자, 그의 일꾼이 되는 것입니다.

(3) 주신 복을 누리며 삶

하나님께서 주신 축복을 누리며 행복하게 사는 것입니다.

하나님 되심을 찬양하고, 감사하며 그에게 영광 돌리면 사는 것입니다. 이것이 바로 때를 따라 사는 삶입니다.

때에 맞는 말

(잠15:20-28)

말은 인격의 얼굴입니다. 말이 얼마나 중요한가 하면 말 한 마디로 천 냥 빚을 갚기 때문입니다. 말은 관계를 아름답게도 하고 관계를 헐기도 합니다. 또 말에 따라 성공과 실패가 결정됩니다. 노무현 대통령의 탄핵발의는 사실은 그의 말에서 비롯된 것을 볼 수 있습니다. 좀 더 부드러운 말을 했다면 그렇게 악화되지는 않았을 것입니다.

그러면 우리는 말을 어떻게 해야 할까요? 오늘 본문을 보면 '때에 맞는 말'을 해야 한다고 했습니다.

1. 때에 맞는 말을 해야

(1) 때에 맞는 말은 경영하는 바를 이룸

22절에 보면 때에 맞는 말을 하면 경영하는 바를 이룬다고 했습니다.

(2) 때에 맞는 말은 기쁨을 줌

23절에 보면 때에 맞는 말을 하면 기쁨을 준다고 했습니다.

아무리 바른 말이어도 해야 할 때가 있고, 하지 말아야 할 때가 있기 때문입니다. 그래서 말할 때는 이것이 과연 시의적절한 말인가 생각해 보아야 합니다. 남이 슬퍼하고 있을 때에 충고를 한다고 고통스러운 말을 하는 것은 돕는 것이 아니라 해치는 것이기 때문입니다.

욥기를 보면 그의 네 친구들이 찾아와서 여러 가지 말을 했습니다.

모두가 자기 자신들의 입장에서 말을 한 것입니다. 한 사람도 욥의 입장에서 말을 하지 않았습니다. 바로 그것이 문제입니다.

(3) 때에 맞는 말은 음부에서 구원

24절에는 때에 맞는 말을 하면 음부(스올)를 벗어난다고 했습니다.

죽음을 벗어난다는 뜻입니다. 노무현 대통령이 입만 좀 조심했다면 좋은 대통령이 될 수 있을 텐데 하는 아쉬움을 가집니다. 스스로 무덤을 파는 일을 많이 했습니다.

2. 때에 맞는 말을 하자면

(1) 지혜와 명철이 있어야

21절에 보면 지혜와 명철이 있어야 한다고 했습니다.

(2) 모사(조언자)가 있을 때

22절에는 의논과 모사(조언자)가 있을 때 '때에 맞는 말'을 할 수 있다고 했습니다.

요즈음 유행하는 말을 빌리면 mentor(조언자)가 있어야 합니다. 여러분들은 어떤 멘토가 있습니까? 예수님은 언제든지 여러분들의 멘토가 되어 줄 준비가 되어 있습니다. 주님의 말씀에 귀를 기울이시기 바랍니다.

(3) 교만치 말아야

25절에 보면 교만치 말아야 한다고 했습니다. 겸손한 자의 말은 모든 사람들이 듣고 기뻐합니다. 그러나 교만한 말은 많은 사람들의 마음을 상하게 합니다.

(4) 이를 탐내지 말아야

27절에는 이를 탐내지 말아야 한다고 했습니다. 이익을 중심한 말은 바른 말을 할 수 없기 때문입니다.

(5) 의인의 마음을 가질 때

28절에 보면, 의인의 마음은 때에 맞는 말을 한다고 했습니다. 말은 그 사람의 인격의 얼굴이기 때문에 하나님과의 바른 관계를 가진 의인이 될 때에 맞는 말을 할 수 있습니다. 바라기는 때에 맞는 시의적절한 말을 통해서 계획한 일을 이루는 성공자가 다 되시기를 축원합니다.

마귀를 능히 대적하려면

(엡6:10-17)

주안에서(주님을 떠나서는 우리는 아무것도 할 수 없다, 요 15:5절, 빌 4:13절)와 그 힘의 능력으로(주님만이 사탄을 이기셨다) 강건하여져야 이길 수 있습니다. 인간의 힘으로나 지식으로는 마귀를 이길 수 없습니다.

1. 우리의 대적

(1) 혈과 육이 아님

혈과 육에 대한 것이 아니다(가나안 땅에서 싸웠던 가나안의 일곱 부족 같은 적이 아니다).

(2) 정사와 권세와 악령

정사(사탄 밑에서 하나의 조직을 가지고 다스리는 세력)

권세(사탄에게 협력하는 악한 세력)

어두움의 세상주관자들(사탄에게 협력하는 악한 정치적 세력)

하늘에 있는 악의 영들

2. 하나님의 전신갑주로 입어야

어떻게 싸워야 하는가? 하나님의 전신갑주로 입어야 합니다. 이것은 영적 전쟁을 위해서 하나님이 준비한 무기입니다. 그러면 무엇이 하나님의 전신갑주인가요?

진리의 허리띠(활동을 위해서는 허리띠를 띠어야 합니다. 허리띠는 옷을 연결시
키는 일을 한다)

의의 흉배(앞에만 있고 뒤에는 없다. 즉 신자들의 영적 전쟁은 후퇴는 있을 수 없
다는 뜻이다)

복음의 신(복음은 평화를 가져온다. 기동성을 위해서는 신이 필요하다.)

믿음의 방패(방패에는 손 방패와 전신 방패가 있는데 여기서는 사탄의 화전을 막
아주는 전신 방패를 말한다)

구원의 투구(구원이라는 투구)

성령의 검(말씀이 사탄과 싸울 수 있는 유일한 공격용 무기이다)

3. 왜 이런 무기가 필요한가?

(1) 악한 날에 대적하기 위해

악한 날에 능히 대적하기 위해서 사탄과의 싸움에서 인간이 해야 할
책임이 있는 것을 강조하고 있습니다.

(2) 일을 행한 후에 서기 위해

모든 일을 행한 후에 서기 위해서(하나님의 전신갑주 없이는 우리는 설 수
없다).

마른 뼈들아 여호와의 말씀을 들을지어다

(겔37:1-6)

본문의 '너희 마른 뼈들아'라는 말씀은 당신 이스라엘의 영적인 상태를 진단한 말씀입니다. 그러나 오늘의 우리의 모습을 진단한 것이라고 할 수도 있습니다.

1. 우리를 마른 뼈라고 진단한 이유

'죽은 지 오래 되었기 때문'입니다. 이미 썩을 대로 썩어서 살과 피는 간 곳 없고, 뼈만 앙상하게 남았는데 그것도 오래 되어 마른 뼈가 되었다는 것입니다. 물론 이 진단은 당시 이스라엘에 관한 하나님의 진단이었습니다. 소망이 없게 되었다는 말입니다.

이제 의사나 약사에게 가보아도 희망이 없다는 뜻입니다. 있다면 그것은 인간을 창조하신 하나님 외에는 어디를 가도 가능성이 없다는 마지막 진단입니다. 하나님은 우리를 창조하신 분이기 때문에 우리의 영적 현주소와 상태도 가장 잘 알고 계십니다. 따라서 가장 잘 진단하고, 또 병든 부분을 잘 고쳐주실 수 있습니다.

2. 마른 뼈의 특징

(1) 육적 소경

육적으로는 잘 보는데 영적으로 보지를 못합니다.

진리의 세계와 영의 세계를 보지 못하는 소경처럼 되었습니다. 세상에는 네 가지 종류의 소경이 있습니다. 육적 소경, 글자를 읽지 못하는 문맹, 영적 세계를 보지 못하는 영맹, 컴퓨터를 할 줄 모른 컴맹이 있습니다.

(2) 손은 장식품이 아님

손은 장식품으로 만든 것이 아닙니다.

선한 일을 하라고 만들었습니다. 그런데 이 손으로 남을 해롭게 하고, 악한 일을 저지르는 고장난 손, 병든 손들이 있습니다. 아무런 선한 일도 못하는 손이 문제입니다.

(3) 발의 사명

발은 꼭 가야 할 곳으로 가야 합니다.

꼭 필요한 곳으로 가는 발이 되어야 합니다. 생명이 되고 유익이 되지 못하는 곳으로 가는 발이 문제입니다.

3. 마른 뼈의 소망

가장 중요한 것은 죽은 지 오래 된 소망 없는 존재라는 것을 깨닫는 것이고, 하나님의 생명의 말씀을 듣는 은혜를 입는 것입니다.

말씀을 다 응하게 한 것이라

(행13:28-35)

1. 성경에 기록된 언약

성경의 언약은 크게 두 가지입니다. 구약과 신약입니다. 구약이란 옛날에 맺은 언약, 신약이란 예수님과 새롭게 맺은 언약이라는 뜻입니다.

구약의 내용은 여섯 가지의 언약으로 되어 있고, 신약은 하나의 언약으로 되어 있습니다.

(1) 최초의 언약

창 3:15절에서 "내가 너로 여자와 원수가 되게 하고, 너의 후손도 여자의 후손과 원수가 되게 하리니 여자의 후손은 네 머리를 상하게 할 것이요, 너는 그의 발꿈치를 상하게 할 것이라"고 했습니다. 이 구절을 '원시복음'이라고 부릅니다.

여기서 여자의 후손은 동정녀에게서 탄생하실 예수님을 말하고 있습니다. 그리고 여자의 후손이 승리할 것이라는 언약입니다.

(2) 노아와 맺은 언약

창 6:11절에서 "온 땅이 하나님 앞에 부패하여 강포가 땅에 충만한지라." "내가 그들을 땅과 함께 멸하리라"(13절)고 심판의 말씀을 하셨습니다. 그리고 노아에게는 언약을 맺었습니다. 18절에 "그러나 너와는 언약을 세우리니"라고 했습니다. 그래서 잣나무로 방주를 짓고…. 역청으로 그 안팎에 칠하라"고 하시면서 그들의 생명을 보존케 했습니다.

놀라운 것은 노아의 방주는 신약시대의 교회를 상징하고 있습니다.

(3) 아브라함과 맺은 언약

창 15:18; 17:7절에 하나님께서는 아브라함에게 세 가지 약속을 하셨습니다.

첫째 아들을 주시겠다고 하셨고

　　　25년 후 이루어졌습니다.

둘째 가나안 땅을 주시겠다고 하셨고

　　　430년 후에 이루어졌습니다.

셋째 아브라함이 축복의 근원이 되실 것을 약속하셨고

　　　2100년이 지난 후에 베들레헴에서 아기 예수님의 탄생으로 성

　　　취되었습니다.

(4) 시내산에서의 조건적 언약

출애굽기 20장에 나오는 십계명을 말합니다. 예수님은 이것을 마 22:37-40절에서 사랑의 두 가지 계명으로 요약하여 주셨습니다. 그런데 이 계명은 이스라엘이 지키지 못하여 수많은 심판과 저주를 받았습니다.

(5) 레위지파의 언약

민 18:19절에 나오는 일명 소금언약을 말합니다. 이것은 말라기 2:5절에서 "레위와 세운 나의 언약은 생명과 평강의 언약이라. 내가 이것으로 그에게 준 것은 그로 경외하게 하려 함이라"고 했습니다.

이 언약은 레위 지파에게 제사장 직분을 주셔서 화해의 사명을 맡겨주신 것을 말합니다. 그리고 신약시대에 와서는 '만인제사장주의'로 확대되었습니다.

(6) 다윗과 맺은 언약

삼하 7:9-16에서 "내가 네 몸에서 날 자식을 네 뒤에 세워 그 나라를 견고케 하리라"고 하였습니다. 즉 다윗의 자손 가운데 메시야가 오실 것이고 그가 메시야 왕국을 이룩할 것이라는 약속입니다.

(7) 새 언약, 즉 은혜언약

눅 22:20절에 나오는 이 언약은 피로 세운 새 언약이라고 했습니다. 예수님과 맺은 은혜의 언약은 예수님의 십자가로 말미암아 이미 성취가 되었습니다. 믿기만 하면 누구나 받을 수 있고, 참여할 수 있는 언약입니다.

성경 전체의 언약은 7가지로 크게 나눌 수 있는데 이 모든 언약이 다 이루어 졌습니다.

말을 적게 할 것이라

(전5:1-7)

세상에서 가장 쉬운 것이 말입니다. 입만 열면 할 수 있으니까요. 이솝의 우화에 보면 세상에서 가장 선한 것이 입속의 혀요 세상에서 가장 악한 것도 입 속의 혀라고 했습니다.

1. 성전에 들어갈 때의 자세.

(1) 네 발을 삼갈지어다(1절)라고 했습니다.

여기서 삼간다는 말은 발에 보초를 세우라는 것입니다. 미끄러지기 쉽기 때문입니다. 어떤 분들을 보면 성전에 들어오면서 떠드는 분들이 있습니다. 친구의 집에 온 것으로 착각하는 모양입니다. 성전은 하나님의 집입니다. 그러므로 항상 두려워 떠는 마음으로 임해야 합니다.

성전에 들어오면 크게 두 가지 일이 있습니다. 하나는 말씀을 듣는 일이고, 다른 하나는 제사를 드리는 자세입니다. 그러므로 교회에 와서 너무 말을 많이 하지 말고, 오늘 하나님께서 내게 주시는 말씀이 무엇인지 들으려는 자세가 있어야 합니다. 그래서 2절에 "하나님 앞에서 함부로 입을 열지 말며"라고 했습니다.

본문에서 가장 중요한 말씀은 2절입니다.

"그런즉 마땅히 말을 적게 할 것이라."

영어성경에서는 말을 빨리 하지 말라고 번역했습니다. 왜냐하면 말을 하고 나면 그 다음에는 그것을 주워 담을 수가 없기 때문입니다.

그러면 왜 말을 적게 해야 합니까?

3절에 그 이유가 나옵니다. "말이 많으면 우매자의 소리가 나타나느니라." 우리가 흔히 '가만히 있으면 본전이나 찾지'란 말이 바로 그것입니다.

7절에 보면 "말이 많아도 그러하니(헛된 것이 많고)"라고 하였습니다.

2. 서원기도의 문제점(4절)

4절은 서원기도에 관한 내용인데 4절에서 교훈을 얻을 것은 서원기도는 함부로 하는 것이 아니라는 것입니다.

사사기 11:30절에 보면 입다의 경우 무남독녀를 두고 너무 경솔하게 서원을 한 경우가 있습니다. 입다는 자신의 경솔한 서원으로 인하여 무남독녀를 희생시키는 어리석음을 범했습니다.

4절에 보면 "네가 하나님께 서원하였거든 갚기를 더디게 하지 말라"고 하였습니다. 그리고 서원을 갚지 않는 것은 우매자의 행위라고 하였습니다. 그러므로 서원은 하나님께 약속한 것이기에 반드시 실천해야 되는 일이라 충동적으로 하지 말고 깊이 생각하고 나서 조심스럽게 해야 실수가 없습니다.

말을 적게 하는 것이 지혜이고, 서원에 관하여는 서원을 하였으면 갚기를 더디게 하지 말아야 하며 그보다 먼저 서원을 하기 전에 많이 생각하여 조심 없이 하면 안 된다는 것이 본문의 교훈입니다.